MP3形式
CD-ROM

JN119458

TEST OF PRACTICAL JAPANESE

J.TEST
D-E

実用日本語検定問題集
〔D-Eレベル〕
2021

日本語検定協会 編

語文研究社

はじめに

　この『J.TEST 実用日本語検定 問題集[D-E レベル]2021年』には、2021年のD-Eレベル試験6回分を収めました。

　「J.TEST 実用日本語検定」の練習に利用してください。

　なお、「J.TEST 実用日本語検定」についての最新の情報は下記のURLをご覧ください。

J.TEST 事務局本部　http://j-test.jp/

日本語検定協会／J.TEST 事務局

目　次

はじめに

試験問題

正解とスクリプト

実用日本語検定

TEST OF PRACTICAL JAPANESE

J.TEST

受験番号		氏 名	

注　意

1　試験が始まるまで、この問題用紙を開けないでください。

2　この問題用紙は、全部で３４ページあります。

日本語検定協会／J.TEST事務局

J.TEST

実用日本語検定

<ruby>読<rt>どっ</rt></ruby> <ruby>解<rt>かい</rt></ruby> <ruby>試<rt>し</rt></ruby> <ruby>験<rt>けん</rt></ruby>

1 文法・語彙問題

A 次の文の（　　　）に1・2・3・4の中から一番いい言葉を入れてください。

(1) 家を出てから忘れもの（　　　）気がつきました。
1 は 2 に 3 が 4 へ

(2) 健康のため、車に（　　　）ずにじてんしゃで会社へ行きます。
1 乗る 2 乗ら 3 乗り 4 乗

(3) この仕事は、（　　　）ので、よく説明を聞いてください。
1 複雑 2 複雑だ 3 複雑に 4 複雑な

(4) 今日は、昨日（　　　）寒くないです。
1 まで 2 ほど 3 でも 4 には

(5) 朝から電話が（　　　）続いています。
1 鳴る 2 鳴り 3 鳴れ 4 鳴って

(6) この紙に箱の（　　　）を書いてください。
1 大きい 2 大きな 3 大きさ 4 大きく

(7) 1人でりょうりが（　　　）ように、母に教えてもらいます。
1 作り 2 作れて 3 作る 4 作れる

(8) 介護の仕事は、（　　　）うえに給料も安いです。
1 大変 2 大変に 3 大変で 4 大変な

(9) 志賀：「山下さん、今度の試験に受かると思いますか」
大橋：「（　　　）よ。彼、すごく努力していましたからね」
1 受かるはずがありません 2 受かるに決まっています
3 受かるわけがありません 4 受かることになっています

(10) 佐藤：「（　　　）、いいレポートが書けました」
山田：「またいつでもお手伝いしますよ」
1 山田さんのおかげで 2 山田さんとしたことが
3 山田さんの代わりに 4 山田さんこそ

B 次の文の（　　　）に１・２・３・４の中から一番いい言葉を入れてください。

(11) コピー機から変な（　　　）がしますね。
1 形　　　　　2 光　　　　　3 音　　　　　4 夢

(12) この歌を聞くと、高校生のときを（　　　）。
1 卒業します　2 反対します　3 気にします　4 思い出します

(13) 中島部長は、（　　　）かえりました。
1 さっき　　　2 ずっと　　　3 もうすぐ　　4 このごろ

(14) このにくは、（　　　）食べられません。
1 固くて　　　2 激しくて　　3 優しくて　　4 深くて

(15) 駅前に新しい（　　　）ができました。
1 マンション　2 タイプ　　　3 チャンス　　4 ジャム

(16) 子どもを病院に（　　　）行きます。
1 調べて　　　2 移って　　　3 倒れて　　　4 連れて

(17) 商品を（　　　）並べないでください。
1 安全に　　　2 特別に　　　3 適当に　　　4 楽しみに

(18) （　　　）そんなことを聞かれても、答えられませんよ。
1 わざと　　　2 ますます　　3 いきなり　　4 なるべく

(19) （　　　）資料は、持ってかえってください。
1 おぼれた　　2 余った　　　3 けった　　　4 転んだ

(20) 日曜日は、みんなで（　　　）バーベキューをしました。
1 わいわい　　2 ごくごく　　3 ぺらぺら　　4 ぶつぶつ

C　次の文の＿＿＿＿の意味に一番ちかいものを１・２・３・４の中から選んでください。

(21)　このかばんの値段を知っていますか。

1　がいくらか　　　　　　　　　　2　のサイズを

3　があるか　　　　　　　　　　　4　の売り場を

(22)　このコートは、最も人気がある商品です。

1　割合に　　　　2　女性に　　　　3　高くても　　　　4　一番

(23)　涙が出てしまいました。

1　笑って　　　　2　怒って　　　　3　泣いて　　　　4　壊れて

(24)　先輩に「おはようございます」と言いました。

1　あいさつしました　　　　　　　2　お世話になりました

3　謝りました　　　　　　　　　　4　叱られました

(25)　このカレー、辛すぎます。

1　辛くないです　　　　　　　　　2　辛くしましょう

3　とても辛いです　　　　　　　　4　少し辛いです

(26)　このジュースを飲むなと言われました。

1　飲みなさい　　　　　　　　　　2　飲んではいけません

3　飲みたい　　　　　　　　　　　4　飲みましょう

(27)　明日、A社の人と食事する予定です。

1　食事したいです　　　　　　　　2　食事するつもりです

3　食事したほうがいいです　　　　4　食事してもかまいません

(28)　久しぶりに同級生に会いました。

1　兄弟　　　　　　　　　　　　　2　両親

3　おなじクラスだった人　　　　　4　おなじ会社だった人

(29)　課長は、ずっとしゃべっています。

1　眠って　　　　2　話して　　　　3　勉強して　　　　4　休んで

(30)　お客さんは、減る一方です。

1　全然減りません　　　　　　　　2　ちょっと減りました

3　増えることもあります　　　　　4　どんどん減っています

―――― このページには問題はありません。――――

2 読解問題

問題　1

次のメールを読んで、問題に答えてください。
答えは１・２・３・４の中から一番いいものを１つ選んでください。

___

＜田中さんが書いたメール＞

リーさん、体の具合はどうですか。

＜リーさんが書いたメール＞

まだ頭は痛いですが、熱は、昨日より下がりました。

そうですか。よかったですね。
何か要るものがありますか。

すみませんが、
かぜ薬と飲みものを買ってきていただけませんか。

わかりました。
食べものは、大丈夫ですか。

ええ、まだ何も食べられないので。

わかりました。

___

(31)　田中さんは、これからまず何をしますか。

　　　1　病院へ行きます。

　　　2　買いものに行きます。

　　　3　リーさんの家へ行きます。

　　　4　薬を飲みます。

(32)　リーさんについてメールの内容と合っているのは、どれですか。

　　　1　かぜが治りました。

　　　2　頭が痛いです。

　　　3　昨日と同じぐらい熱があります。

　　　4　何も飲むことができません。

問題　2

次の文章を読んで、問題に答えてください。
答えは1・2・3・4の中から一番いいものを1つ選んでください。

私は、アルバイトをしながら、日本語学校で日本語の勉強をしています。アルバイトは、夜の11時から朝の4時までです。朝2時間ぐらい寝てから、学校へ行きます。毎日忙しいし、勉強も大変だし、とても疲れます。でも、もしお金と休みがたくさんあったら、日本中へ行きたいです。一番は、京都の金閣寺を見たいです。それから、冬に北海道へ行って、雪で遊びたいです。

---

(33)　「私」は、何がしたいと言っていますか。
1　日本語の勉強がしたいです。
2　アルバイトをやめたいです。
3　旅行がしたいです。
4　国へかえりたいです。

問題　3

次の文章を読んで、問題に答えてください。
答えは1・2・3・4の中から一番いいものを1つ選んでください。

　私の会社には、趣味のグループがたくさんあります。同じ趣味の人たちが集まって、休みの日に楽しんでいます。私の趣味は、サッカーですが、会社の人とはしません。サッカーをしているとき、仕事の話もしてしまうからです。日本人は、休みの日も会社の人とよく遊びに行きます。でも、それは、よくないことだと思います。私は、仕事が嫌いではありませんが、休みの日に仕事の話をしたくないです。ですから、私は、いつも大学のときの友だちとサッカーをしています。

---

(34)　「私」について文章の内容と合っているのは、どれですか。
1　会社の人とサッカーをするときも、仕事の話をしています。
2　仕事が嫌いですから、できるだけ会社の人と会いません。
3　休みの日も会社の人と遊びに行きます。
4　休みの日に大学の友だちと会っています。

問題　4

次の文章を読んで、問題に答えてください。
答えは１・２・３・４の中から一番いいものを１つ選んでください。

４人に「好きなこと」について聞きました。

Aさん	Bさん
私は、映画を見るのが好きです。１週間に１回、日曜日に映画館へ行きます。おもしろくて楽しい映画が好きです。でもたまに怖い映画も見ます。	私は、走るのが好きです。毎朝早く起きて、会社へ行くまえに１人で走ります。でも、土曜日と日曜日は、走らないでゆっくり休みます。
Cさん	Dさん
私は、スポーツが好きで、その中でもテニスが一番好きです。暇なときは、毎日していました。でも今は、忙しいですから、土曜日しかできません。	私は、りょうりが大好きで、毎週金曜日の夜、作っています。食べるより作るほうが好きです。家族は、私のりょうりをおいしいと言ってくれます。

---

(35)　土曜日に好きなことをする人は、だれですか。
　　　1　Aさんです。
　　　2　Bさんです。
　　　3　Cさんです。
　　　4　Dさんです。

(36)　Bさんについて文章の内容と合っているのは、どれですか。
　　　1　朝、ジョギングをしています。
　　　2　週末だけ走りに行きます。
　　　3　走って通勤しています。
　　　4　毎日早く寝ています。

問題　5

次のお知らせを読んで、問題に答えてください。
答えは１・２・３・４の中から一番いいものを１つ選んでください。

第5回　日本語スピーチ大会

日時：2021年1月23日（土）9：30～12：00

場所：本社３階大ホール

＊この会社ではたらく外国人のみなさんに、日本に来て経験した楽しかったこと、大変だったことなどをスピーチしてもらいます。

＊スピーチ大会に出たい方は、11月30日（月）までに国際部片山までメールで連絡してください。申込書を送ります。

＊スピーチ大会の日は、山野市の方も招待して、たくさんの方に聞いてもらいます。

※会社に入って<u>10年以内</u>の<u>外国人社員またはアルバイト</u>の方が出られます。

---

(37)　スピーチ大会に出られるのは、誰ですか。
1　今年会社に入った外国人のアルバイトです。
2　11年まえからはたらいている外国人社員です。
3　この会社ではたらいている外国人全員です。
4　山野市に住んでいる外国人です。

(38)　スピーチ大会に出たい人は、まず何をしなければなりませんか。
1　1月23日までに片山さんに連絡します。
2　1月23日に本社３階大ホールに行きます。
3　11月30日までに片山さんにメールを送ります。
4　11月30日までに申込書を出します。

問題　6

次のメールを読んで、問題に答えてください。
答えは１・２・３・４の中から一番いいものを１つ選んでください。

送信者：井上　太郎（t-inoue14@xxx.co.jp）
日　時：2020年1月20日　13:19
件　名：製品カタログについて

東京本社　佐々木さん

お疲れ様です。大阪に出張中の井上です。

大阪支店で森田課長と話したのですが、
2021年の製品カタログが3冊しか残っていないそうです。
東京本社にカタログが何冊あるか、確認してもらえませんか。
もし本社にたくさんあったら、大阪支店に送ってほしいそうです。
送れる場合は、何冊送れるか、森田課長に連絡してください。

森田課長は1月26日からアメリカ出張なので、
それまでに連絡してほしいそうです。
それでは、よろしくお願いします。

井上

(39) 佐々木さんは、このあとまず何をしますか。
　　1　大阪支店にカタログを送ります。
　　2　東京本社のカタログの数を確認します。
　　3　森田課長に連絡します。
　　4　大阪支店へカタログを持って行きます。

(40) 井上さんについてメールの内容と合っているのは、どれですか。
　　1　今、東京本社にいます。
　　2　森田課長に会ったことがありません。
　　3　東京本社にカタログが何冊あるか、わかりません。
　　4　これからアメリカへ出張します。

問題　7

次の案内を読んで、問題に答えてください。
答えは１・２・３・４の中から一番いいものを１つ選んでください。

＜今週のアルバイトじょうほう＞

	店名	仕事	曜日・時間	時給
A	コンビニ 「わかばマート」	①商品を並べる ②レジ	23：00〜午前６：00 週４日からOK	1100円〜
B	ガソリンスタンド 「ネクスト」	ガソリンを入れる	９：00〜15：00 週３日以上できる方 曜日はご相談ください	950円〜
C	レストラン 「くろきや」	キッチンで りょうりを作る	17：00〜22：00 土日はたらける方	980円〜
D	にく屋 「ささきミート」	注文を聞いて、 商品を渡す	16：00〜21：00 曜日・時間はご相談ください	900円〜

(41)　シュウさんは、夕方からはたらきたいです。
　　　お客さんと話せる仕事がしたい場合、どれがいいですか。
　　　1　コンビニです。
　　　2　ガソリンスタンドです。
　　　3　レストランです。
　　　4　にく屋です。

(42)　週末だけはたらける人が、時給が高いアルバイトがしたい場合、
　　　どれがいいですか。
　　　1　コンビニです。
　　　2　ガソリンスタンドです。
　　　3　レストランです。
　　　4　にく屋です。

問題　8

次の文章を読んで、問題に答えてください。
答えは1・2・3・4の中から一番いいものを1つ選んでください。

　以前、私は、だれかに連絡したいとき、手紙やはがきを使いませんでした。書く時間もかかるし、切手代も必要だからです。返事も、メールのようにすぐにもらえません。

　でも去年、学生時代の友だちに絵はがきをもらって、考え方が変わりました。そのはがきは、友だちが外国から送ってくれたものでした。はがきを見て、まるで自分も外国へ行ったような気持ちになりました。私の大好きな青い海と空がかかれていました。はがきの内容は、みじかかったですが、(ア)とてもうれしい気持ちになりました。きっと私のことを考えながら、はがきを選んで、書いてくれたのだと思ったからです。

　手紙やはがきは、ただ用事を伝えるだけではなく、相手への気持ちも伝えられるものだとわかりました。今では、手紙を書く人が少なくて、残念だと思うようになりました。(イ)こんなことがあって、私もときどき、はがきや手紙を書くようにしています。

---

(43)　「私」は、どうして（ア）「とてもうれしい気持ちになりました」か。
　　　1　外国のきれいな景色を見たことがありませんでしたから
　　　2　久しぶりにはがきをもらいましたから
　　　3　友だちが元気なことがわかりましたから
　　　4　友だちが自分のことを考えてくれたことがわかりましたから

(44)　（イ）「こんなこと」とは、何ですか。
　　　1　手紙を書く人が少なくて、残念だと思ったことです。
　　　2　友だちが外国へ行ったことです。
　　　3　もらったはがきから、書いた人の優しさを感じたことです。
　　　4　切手代が安くなったことです。

問題 9

次の文章を読んで、問題に答えてください。
答えは1・2・3・4の中から一番いいものを1つ選んでください。

「敬語」と言えば、忘れられない経験があります。

大学生のとき、私は新聞クラブに入っていました。教授や学生にインタビューをして記事を書いたり、大学のニュースをまとめたりして、毎月新聞を作るのです。

私が初めてインタビューを担当したときのことです。私の担当は、ある教授に話を聞くことでした。私はその教授に、インタビューをしたいとメールを送りました。

（　A　）、すぐに教授からメールがありました。「あなたのメールの日本語は、おかしいです。あなたは大学で、何を勉強しているのですか。敬語の使い方をもっと学んでください。目上の人に、失礼なメールを送らないように」と書かれていました。いい記事を書くために、頑張ってインタビューしようと思っていた私は、びっくりしました。そして悲しくなりました。「インタビュー？　いいですよ、どうぞ」と言ってくれると思っていたのに、教授のメールには、インタビューのことは全く書かれていませんでした。そして結局、インタビューは、させてもらえませんでした。

それから私は、日本語や敬語について勉強して、注意して使うようになりました。今は会社員としてはたらいていますが、「チャンさんの日本語はきれいだね」とよく褒められます。あの教授のメールは、厳しかったですが、私に大切なことを教えてくれた、と今では感謝しています。

---

(45)　（　A　）に入る言葉は、何ですか。

1　ですから

2　ところで

3　あるいは

4　すると

(46)　「私」は、どうして「びっくりしました。そして悲しくなりました」か。

1　言葉の使い方が良くないと言われましたから

2　教授が私のことを全然知りませんでしたから

3　教授が厳しい人だとわかりましたから

4　自分が書いた新聞の内容が失礼だと言われましたから

3 漢字問題

A 次のひらがなの漢字をそれぞれ１・２・３・４の中から１つ選んでください。

(47) あじは、どうですか。
1 味　　　　2 心　　　　3 牛　　　　4 首

(48) このもんは、大きくて立派ですね。
1 風　　　　2 民　　　　3 主　　　　4 門

(49) やさいを買います。
1 台所　　　2 鳥肉　　　3 着物　　　4 野菜

(50) 会社まであるいて行きます。
1 動いて　　2 歩いて　　3 働いて　　4 引いて

(51) ペンをかしてください。
1 帰して　　2 足して　　3 貸して　　4 借して

(52) もう、ちゅうしょくを食べましたか。
1 昼食　　　2 夕食　　　3 朝食　　　4 夜食

(53) 体調がわるいです。
1 悪い　　　2 短い　　　3 暗い　　　4 暑い

(54) わかいときは、よくスキーに行きました。
1 遅い　　　2 若い　　　3 熱い　　　4 苦い

(55) イベントにさんかします。
1 観察　　　2 報告　　　3 勝利　　　4 参加

(56) ついに新しいビルがかんせいしました。
1 制限　　　2 配達　　　3 完成　　　4 横断

B　次の漢字の読み方を例のようにひらがなで書いてください。

・ひらがなは、ただしく、ていねいに書いてください。
・漢字の読み方だけ書いてください。

（例）　はやく書いてください。　　　　（例）　　　　　　か

---

(57)　山本さんは、力があります。

(58)　お兄さんは、お元気ですか。

(59)　もう少し明るくしてください。

(60)　この村には、有名な 湖 があります。

(61)　毎日運転しています。

(62)　茶色のくつを買いました。

(63)　マイクさんは、日本の地理を勉 強 しています。

(64)　何か困っていますか。

(65)　馬に乗ります。

(66)　今日、林 さんは欠席です。

4 記述問題

A 例のように_____に合う言葉を入れて文をつくってください。

・文字は、**ただしく、ていねいに**書いてください。
・漢字で書くときは、**今の日本の漢字をただしく、ていねいに**書いてください。

（例）　きのう、_____でパンを_____。
　　　　　　　　　　　　（A）　　　　　　　　　　　（B）

（例）	（A）	スーパー	（B）	買いました

（67）

山下：ソンさん、かばん、重そうですね。

ソン：ええ、図書館で_____を20冊も_____ましたから。
　　　　　　　　　　　　（A）　　　　　　　　　　　（B）

（68）

昨日、みんなで_____をしましたから、事務所がきれいに_____ました。
　　　　　　　　　（A）　　　　　　　　　　　　　　　　　　　　　　　　（B）

（69）

A：すてきなアクセサリーですね。恋人に_____んですか。
　　　　　　　　　　　　　　　　　　　　　　　（A）

B：いいえ、誕生日に姉が買って_____ました。
　　　　　　　　　　　　　　　　　　（B）

（70）　（すし屋で）

A：はしを_____なりませんか。下手なんですが…。
　　　　　　　（A）

B：大丈夫ですよ。おすしは、手で_____もいいんですよ。
　　　　　　　　　　　　　　　　　　　（B）

B 例のように３つの言葉を全部使って、会話や文章に合う文をつくってください。

- 【　　】の中の文だけ書いてください。
- １.→２.→３.の順に言葉を使ってください。
- 言葉の＿＿の部分は、形を変えてもいいです。
- 文字は、ただしく、ていねいに書いてください。
- 漢字で書くときは、今の日本の漢字をただしく、ていねいに書いてください。

（例）

きのう、【　１.どこ　→　２.パン　→　３.買う　】か。

（例）	どこでパンを買いました

---

(71)

私は、【　１.てんぷら　→　２.あまり　→　３.好き　】ありません。

(72)

A：先月【　１.大阪　→　２.行く　→　３.とき　】、何をしましたか。

B：おいしいものをたくさん食べました。

(73)

この建物は、【　１.今　→　２.100年まえ　→　３.建てる　】ました。

(74)

これからもこの【　１.仕事　→　２.続ける　→　３.いく　】たいです。

このページには問題はありません。

J.TEST

実用日本語検定

聴解試験

1	写真問題	問題	1〜 6
2	聴読解問題	問題	7〜12
3	応答問題	問題	13〜28
4	会話・説明問題	問題	29〜38

1 写真問題 (問題1〜6)

例題

れい ● ② ③ ④　(答えは解答用紙にマークしてください)

A　問題1

- 32 -

B　問題2

C　問題3

D 問題4

E 問題5

F 　問題6

2 聴読解問題 (問題7〜12)

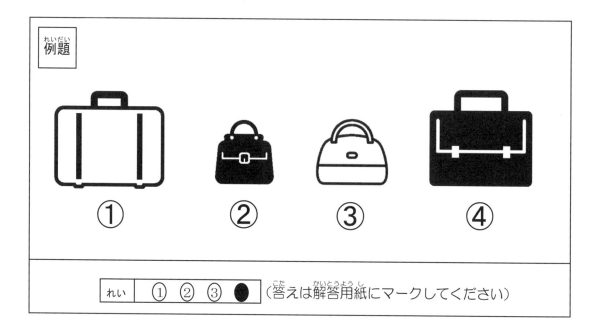

G 問題7

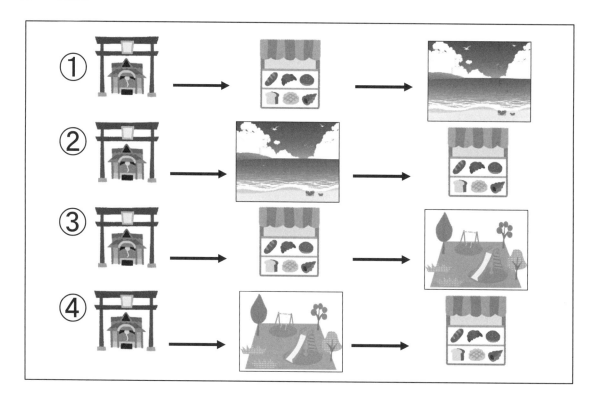

① 家

② 電車

③ 車の中

④ 水泳教室

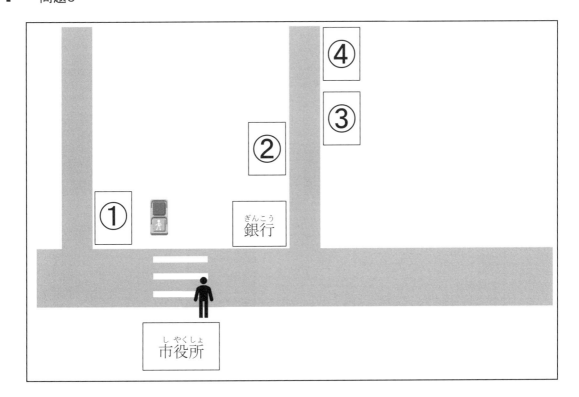

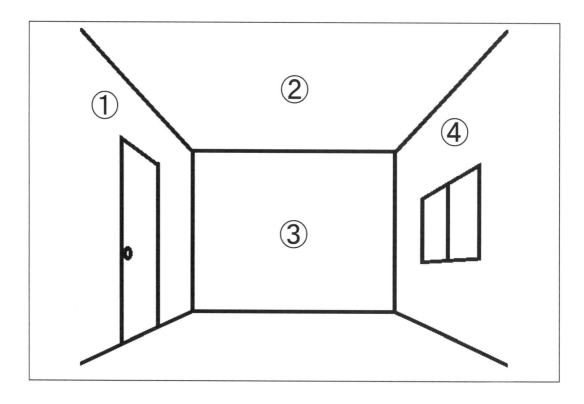

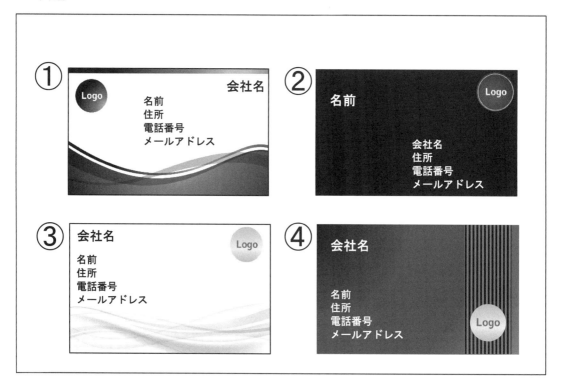

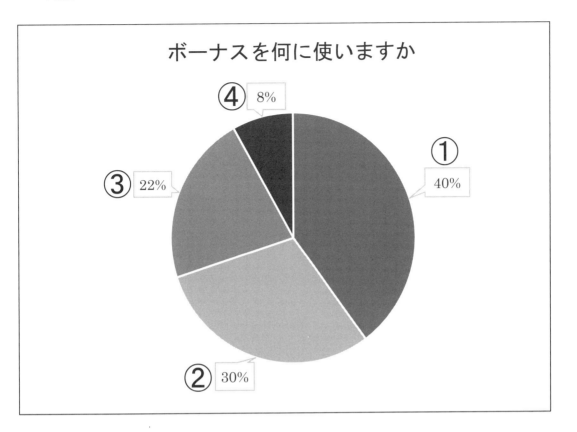

3 応答問題 (問題13～28)

(問題だけ聞いて答えてください。)

例題1 →	れい1	● ② ③
例題2 →	れい2	① ● ③

(答えは解答用紙にマークしてください)

問題13

問題14

問題15

問題16

問題17

問題18

問題19

問題20

問題21

問題22

問題23

問題24

問題25

問題26

問題27

問題28

メモ (MEMO)

4 会話・説明問題 (問題29〜38)

例題	1 耳が痛いですから
	2 頭が痛いですから
	3 歯が痛いですから

| れい | ① ● ③ | （答えは解答用紙にマークしてください） |

1

問題29　1　犬です。
　　　　2　猫です。
　　　　3　とりです。

問題30　1　とりが庭のやさいを食べてしまいますから
　　　　2　やさいがなかなか育ちませんから
　　　　3　猫が庭のやさいを踏みますから

2

問題31　1　机の上です。
　　　　2　ひき出しの中です。
　　　　3　コピー機の近くです。

問題32　1　資料をコピーします。
　　　　2　会議室に資料を持って行きます。
　　　　3　昼ごはんを食べに行きます。

問題33　1　水曜日です。

　　　　2　木曜日です。

　　　　3　金曜日です。

問題34　1　金子さんが会社に来ることです。

　　　　2　金子さんに電話をすることです。

　　　　3　出張が中止になったことです。

問題35　1　メールは、全くしません。

　　　　2　毎日仕事の電話をします。

　　　　3　インターネットをよく使います。

問題36　1　家族に資料を見せます。

　　　　2　携帯の料金プランを調べます。

　　　　3　すぐにプランを変えます。

問題37　1　朝7時半よりまえです。

　　　　2　朝7時半から9時のあいだです。

　　　　3　朝9時よりあとです。

問題38　1　必ず座って通勤できますから

　　　　2　無料で特急券がもらえますから

　　　　3　通勤の時間を変える必要がありませんから

おわり

実用日本語検定

TEST OF PRACTICAL JAPANESE

J.TEST

受験番号		氏　名	

注　意

1　試験が始まるまで、この問題用紙を開けないでください。

2　この問題用紙は、全部で３４ページあります。

日本語検定協会／J.TEST事務局

J.TEST

実用日本語検定

読　解　試　験

1 文法・語彙問題

A 次の文の（　　　）に1・2・3・4の中から一番いい言葉を入れてください。

(1) 事務所のでんき（　　　）消えています。
　　　1 が　　　　　　　2 を　　　　　　　3 で　　　　　　　4 に

(2) はなちゃんは、子ども（　　　）かわいいですね。
　　　1 ほうで　　　　　2 そうで　　　　　3 らしくて　　　　4 ようで

(3) 浜崎さんは、（　　　）ようです。
　　　1 留守　　　　　　2 留守の　　　　　3 留守だ　　　　　4 留守で

(4) 彼には、私の仕事を（　　　）いただきます。
　　　1 手伝った　　　　2 手伝って　　　　3 手伝う　　　　　4 手伝い

(5) （　　　）場合、このイベントは、中止になります。
　　　1 雨で　　　　　　2 雨だ　　　　　　3 雨　　　　　　　4 雨の

(6) ちょうど今から（　　　）ところです。
　　　1 出かけよう　　　2 出かけた　　　　3 出かける　　　　4 出かけ

(7) 今、沖縄が（　　　）かどうか、わかりません。
　　　1 暖かい　　　　　2 暖かくて　　　　3 暖かく　　　　　4 暖か

(8) 有名な大学を（　　　）からといって、仕事ができるとは限りません。
　　　1 卒業し　　　　　2 卒業した　　　　3 卒業　　　　　　4 卒業して

(9) A：「夜から大雨らしいので、（　　　）、帰ったほうがいいですよ」
　　　B：「ええ、これが終わったら」
　　　1 遅くならないつもりで　　　　　　　2 遅くならないことから
　　　3 遅くならないうちに　　　　　　　　4 遅くならないおかげで

(10) 患者：「先生、検査の結果は、どうでしょうか」
　　　医者：「うーん、状態は、あまりよくないですね。（　　　）」
　　　1 手術するとされています　　　　　　2 手術するしかありません
　　　3 手術とみられています　　　　　　　4 手術でもなんでもありません

B　次の文の（　　　）に１・２・３・４の中から一番いい言葉を入れてください。

(11)　ふとんは、（　　　）に入れておいてください。
　　　　1　壁　　　　　　2　畳　　　　　　3　手袋　　　　　4　押し入れ

(12)　サッカーの試合の（　　　）を買いました。
　　　　1　ステーキ　　　2　チケット　　　3　サラダ　　　　4　ユーモア

(13)　1か月間考えましたが、（　　　）会社をやめることにしました。
　　　　1　やっぱり　　　2　ちっとも　　　3　きっと　　　　4　だいぶ

(14)　A：「この荷物、明日までに（　　　）か」
　　　　B：「明日は、ちょっと難しいですね」
　　　　1　届きます　　　2　止まります　　　3　参ります　　　4　進みます

(15)　なくした指輪が（　　　）、うれしかったです。
　　　　1　探して　　　　2　見つかって　　　3　落ちて　　　　4　やせて

(16)　そのコーヒーは、（　　　）ですか。
　　　　1　甘い　　　　　2　柔らかい　　　　3　固い　　　　　4　深い

(17)　鈴木さんは、とても（　　　）ですから、友だちが多いです。
　　　　1　十分　　　　　2　大事　　　　　3　親切　　　　　4　危険

(18)　（　　　）運動は、しないでください。
　　　　1　恐ろしい　　　2　親しい　　　　3　おとなしい　　4　激しい

(19)　将来は、小説（　　　）になりたいです。
　　　　1　員　　　　　　2　家　　　　　　3　師　　　　　　4　者

(20)　一生懸命準備したのにうまくできなくて、（　　　）しました。
　　　　1　ぐっすり　　　2　すっきり　　　3　のんびり　　　4　がっかり

C 次の文の＿＿＿の意味に一番ちかいものを１・２・３・４の中から選んでください。

(21) <u>さっき</u>山本さんから電話がありましたよ。
　　　1　ずいぶんまえに　　　　　　　　　2　昨日
　　　3　ちょっとまえに　　　　　　　　　4　このあいだ

(22) これ、いい<u>デザイン</u>ですね。
　　　1　音　　　　　　2　形　　　　　　3　鏡　　　　　　4　味

(23) この料理は、<u>苦手</u>です。
　　　1　おいしい　　　2　好き　　　　3　苦い　　　　4　嫌い

(24) このハンカチは、<u>よごれています</u>。
　　　1　きれいです　　2　ぬれています　3　汚いです　　4　乾いています

(25) 早く<u>支度</u>してよ！
　　　1　準備　　　　　2　掃除　　　　3　予約　　　　4　出発

(26) 新しい部長は、<u>優しいそうです</u>。
　　　1　優しいと思います　　　　　　　2　優しすぎます
　　　3　優しいかもしれません　　　　　4　優しいと聞きました

(27) 瀬戸さんは、明日のパーティーには、<u>出席しないでしょう</u>。
　　　1　出席したほうがいいです　　　　2　出席しなくてもいいです
　　　3　出席しないと思います　　　　　4　出席しなければなりません

(28) 明日は、遊園地に行くので、<u>わくわくしています</u>。
　　　1　てんきが心配です　　　　　　　2　ふくを買いました
　　　3　楽しみです　　　　　　　　　　4　早く寝ます

(29) 私は、<u>正直</u>な人が好きです。
　　　1　よく働く　　　2　怒らない　　3　頭がいい　　4　嘘をつかない

(30) <u>3日にわたって</u>雨が続きました。
　　　1　3日から　　　2　3日間　　　3　3日まで　　　4　3日以上

このページには問題はありません。

2 読解問題

問題 1

次のメールを読んで、問題に答えてください。
答えは1・2・3・4の中から一番いいものを1つ選んでください。

―――――――――――――――――――――――――――――――――――――――

＜中野さんが書いたメール＞

> お疲れさまです。
> 今日、これから飲みに行きましょう！
> いいワインの店を見つけたんですよ。

＜高橋さんが書いたメール＞

> いいですね！
> でもまだ仕事が残っているので、先に行ってください。
> 6時半ごろには、終わると思いますが。

> そうですか。
> じゃ、会社の前のきっさ店でまってますよ。
> 混んでいるかもしれないので、予約しておきます。

> わかりました。終わったらすぐ行きます。

> じゃ、またあとで。

―――――――――――――――――――――――――――――――――――――――

(31) 中野さんは、これからまず、何をしますか。
　　1　ワインを頼みます。
　　2　店を予約します。
　　3　仕事をします。
　　4　高橋さんに会います。

(32) 高橋さんは、どうしてすぐに店に行けませんか。
　　1　道が混んでいますから
　　2　今、きっさ店にいますから
　　3　6時半から用事がありますから
　　4　仕事が終わっていませんから

問題　2

次の文章を読んで、問題に答えてください。
答えは１・２・３・４の中から一番いいものを１つ選んでください。

　私は、よく日曜日に友だちとスポーツをしていました。野球もよくしましたが、サッカーのほうが好きでした。今は、大学に入るために、勉強しなければなりません。それに、レストランでアルバイトもしていますから、忙しくて、サッカーができません。それで、うちでコーヒーを飲みながら、テレビでサッカーを見るのが、私の今の趣味です。

---

(33)　「私」の今の趣味は、何ですか。

1　友だちと野球を見に行くことです。
2　友だちとサッカーをすることです。
3　レストランでコーヒーを飲むことです。
4　うちでサッカーを見ることです。

問題 3

次の文章を読んで、問題に答えてください。
答えは1・2・3・4の中から一番いいものを1つ選んでください。

　私は今、日本人と一緒に働いています。日本人は、熱心な人が多いと感じます。まじめで熱心なのは、とてもいいことだと思いますが、休みの日や夜も仕事をしている人がいるので、心配です。食事や寝る時間を短くして仕事をするのは、健康にもよくないですし、家族や恋人、友だちとの関係も悪くなると思います。休みの日に仕事をするのはやめて、趣味や好きな人との時間を大切にしたらどうでしょうか。

---

(34)　日本人は、何をしたほうがいいと言っていますか。
1　もっと熱心に仕事をすることです。
2　休みの日や夜に仕事をすることです。
3　食事や寝る時間を短くすることです。
4　趣味の時間や仕事以外の時間を大事にすることです。

問題　4

次の文章を読んで、問題に答えてください。
答えは１・２・３・４の中から一番いいものを１つ選んでください。

4人に「朝ごはん」について聞きました。

Aさん	Bさん
朝は、ニュースを見ながら、パンとバナナを食べます。妻は、朝ごはんをたくさん食べます。私にも、もっと食べたほうがいいと言いますが、私は、この朝ごはんがきにいっています。	朝は忙しくて、食べる時間がありません。家族のごはんやお弁当をつくらなければなりませんから。でも、昼ごはんは、たくさん食べます。1人で食べるので、ゆっくり食べられて、幸せです。
Cさん	Dさん
起きるのが遅いので、朝は、野菜ジュースだけです。1人で生活しているので、毎日自分の好きなものばかり食べています。	私は、朝からたくさん食べます。おいしい朝ごはんをたくさん食べると、目が覚めて、1日がんばることができるからです。娘にも、朝からたくさん食べさせています。

---

(35)　1人で住んでいる人は、だれですか。

1　Aさんです。

2　Bさんです。

3　Cさんです。

4　Dさんです。

(36)　文章の内容と合っているのは、どれですか。

1　Aさんは、自分の朝ごはんがあまり好きじゃありません。

2　Bさんは、朝ごはんを食べません。

3　Cさんは、朝、何も飲みません。

4　Dさんは、朝、とても忙しいです。

問題　5

次のお知らせを読んで、問題に答えてください。
答えは１・２・３・４の中から一番いいものを１つ選んでください。

レジ説明会

来月からレジが新しくなります。
クレジットカードなども使えるようになると、
少し複雑になりますので、レジの使い方の説明会を行います。

日時と場所
2021年3月27日（土）
午前8時：新宿1号店（1号店と2号店の社員）
午前9時：新宿2号店（1号店と2号店のアルバイト）

＊都合が悪い場合は、店長に相談してください。
＊説明会は、短い時間で行います。
　それぞれの店に資料がありますので、説明会の日までに読んでおいてください。

新宿1号店　店長　山村

---

(37)　説明会の日、新宿2号店の社員は、どうしますか。
　　1　午前8時に新宿1号店に行きます。
　　2　午前8時に新宿2号店に行きます。
　　3　午前9時に新宿1号店に行きます。
　　4　午前9時に新宿2号店に行きます。

(38)　説明会の日に用事がある人は、どうすればいいですか。
　　1　説明会に出席しなくてもいいです。
　　2　べつの日の説明会に出席します。
　　3　レジの使い方を店長に教えてもらいます。
　　4　どうすればいいか、店長に聞きます。

問題　6

次のメールを読んで、問題に答えてください。
答えは１・２・３・４の中から一番いいものを１つ選んでください。

＜リンさんから山本さんへ送ったメール＞

山本さん
お疲れさまです。
明日の発表資料を送りますので、ご確認お願いします。
山本さんにいろいろ教えてもらって、やっとできました。
発表は、明日の14時からなので、
午前中、一度練習したいのですが、見ていただけませんか。
リン

＜山本さんからリンさんへ送ったメール＞

リンさん
お疲れさまです。資料を読みましたが、大変いいと思います。
練習ですが、明日の午前は、お客さまが来るので、
できれば今からのほうがいいのですが、どうですか。
山本

山本さん
わかりました。
講堂か会議室か、どちらかは空いていると思うので、
ちょっと聞いてみます。
リン

---

(39)　リンさんは、このあとまず、何をしますか。
　　1　山本さんに資料を送ります。
　　2　山本さんに発表の仕方を教えてもらいます。
　　3　1人で発表の練習をします。
　　4　どこで練習ができるか、確認します。

(40)　山本さんは、どうして練習が今日のほうがいいと言っていますか。
　　1　明日は、会議室が空いていませんから
　　2　明日は、予定がありますから
　　3　練習のあと、資料を直す時間が必要ですから
　　4　発表が明日の午前中ですから

問題　7

次の案内を読んで、問題に答えてください。
答えは１・２・３・４の中から一番いいものを１つ選んでください。

お花見をしながら、お食事はいかがですか

　レストラン「花ノ木」は、桜で有名な木崎川のそばにあります。店の庭から満開の桜を見ることができます。また、１週間まえまでにご予約をいただければ、舟でのお食事もおたのしみいただけます。

コース	内容	お値段
A	舟でのお食事 お料理は、「お花見弁当」と「小さなお寿司セット」です。２人以上でのご予約が必要です。	おひとり ¥7,800
B	舟でのお食事 お料理は、「お花見弁当」です。２人から７人までのご家族やお友だちとひとつの舟にのることができます。	７人まで ¥40,000
C	店の庭でのお食事 お料理は、「そめいよしのコース」です。 雨のときは、２階のお部屋でのお食事になります。	おひとり ¥4,800
D	店の庭でのお食事 お料理は、「やまざくらコース」です。 雨のときは、２階のお部屋でのお食事になります。	おひとり ¥2,800

＊舟でのお食事は、ペットボトルのお飲み物をお出しします。
＊コース料理の詳しい内容は、ホームページでご確認ください。→　http://XXX.XXX.XXX

ご予約：0120-XXX-XXX

(41)　ひとりで食事をしたいと思っています。どのコースが予約できますか。

　　1　AとCです。
　　2　BとCです。
　　3　CとDです。
　　4　AとCとDです。

(42)　舟で食事をしたい場合、まず何をしますか。

　　1　食事をしたい日の7日まえまでに店に電話します。
　　2　食事をしたい日の前日までにホームページで予約します。
　　3　食事をしたい日に直接店に行きます。
　　4　自分で飲み物を用意します。

問題　8

次の文章を読んで、問題に答えてください。
答えは1・2・3・4の中から一番いいものを1つ選んでください。

　みなさんは、仕事のとき、メモを取りますか。大切なことを忘れないように、メモを取る場面は多いと思います。最近では、紙に書いたメモよりあとで見やすいし、書くのも速くて便利だという理由で、パソコンや(*)スマホでメモを取る人も多いようです。しかし、これをよく思わない人もいるようなので、注意が必要です。

　30代の会社員Aさんは、パソコンでメモを取っているとき、上司に「相手に失礼だから、やめなさい」と言われてから、必ず「パソコンでメモを取ってもよろしいですか」と相手に一言確認してからメモを取るようになったと言っていました。確かに、パソコンのがめんが相手に見えないので、相手の話をよく聞いていないように思われてしまうかもしれません。

　パソコンやスマホなどの便利な道具を使うことで、以前より仕事がしやすくなったと感じる人も多いと思います。しかし、一緒に仕事をする相手がそれをどのように感じるかは、わかりません。みんなが相手の気持ちを考えることができれば、気持ちよく仕事ができそうですね。

(*) スマホ…スマートフォン

---

(43)　「これ」とは、何ですか。
　　　1　仕事のとき、メモを取ることです。
　　　2　紙にメモを書くことです。
　　　3　パソコンやスマホでメモを取ることです。
　　　4　相手に一言確認してからメモを取ることです。

(44)　この文章を書いた人の意見に近いのは、どれですか。
　　　1　パソコンやスマホでメモを取るのは、失礼です。
　　　2　パソコンのがめんを相手に見せながらメモを取ったほうがいいです。
　　　3　便利なので、パソコンやスマホでメモを取ったほうがいいです。
　　　4　相手の気持ちを考えることが大切です。

問題 9

次の文章を読んで、問題に答えてください。
答えは1・2・3・4の中から一番いいものを1つ選んでください。

　だれでも時間は大切だと知っています。でも、時間をうまく使える人は、少ないようです。私も以前は、時間の使い方が下手でした。例えば、朝、起きなければならない時間なのに、ベッドで携帯を見たり、ゲームをしたりしていて、学校に遅刻したことも一度や二度じゃありません。いつも気がつくと、しなければならないことはたくさん残っているのに、時間が足りなくなっていました。夜、慌てていろいろなことを終わらせようとするので、寝る時間が遅くなって、次の日は、一日中体調が悪いこともありました。こんな生活が続き、なんとかしたいと思っていましたが、どうしたらいいかわかりませんでした。

　ある日、私は、友だちに「自分の1日を見直してみたら？」と言われて、自分の時間の使い方を紙に書いてみました。すると、ゲームをする時間や携帯を見たりする時間の他に、10分、20分の何もしていない時間がいくつかあることがわかったので、その時間を使ってみようと思いました。実際にその時間を使ってみると、時間が短い分集中できるので、夜までやることが残っていて慌てることも少なくなりました。今は、早く寝られて、健康な生活ができています。

---

(45)　以前の「私」は、どんな生活をしていましたか。
　　1　上手に自分の時間を使っていました。
　　2　朝、すぐにベッドから出られませんでした。
　　3　体調が悪くて、いつも寝ていました。
　　4　毎日、早く寝て、早く起きていました。

(46)　「私」について、文章の内容と合っているのは、どれですか。
　　1　友だちの言葉をきっかけに、時間の使い方を見直しました。
　　2　時間が足りないので、ゲームをやめなければならないと思っています。
　　3　短い時間では、何もできないと思っています。
　　4　夜なら集中してやるべきことができるようになりました。

3 漢字問題

A 次のひらがなの漢字をそれぞれ1・2・3・4の中から1つ選んでください。

(47) はやしに犬がいます。
1 林　　　　2 森　　　　3 田　　　　4 海

(48) くすりは、ありますか。
1 楽　　　　2 薬　　　　3 病　　　　4 茶

(49) ようふくを買いました。
1 台風　　　2 映画　　　3 洋服　　　4 土産

(50) バスをまっています。
1 乗って　　2 回って　　3 待って　　4 光って

(51) それをきってください。
1 作って　　2 走って　　3 売って　　4 切って

(52) りょこうに行きたいです。
1 旅行　　　2 銀行　　　3 世界　　　4 医院

(53) このスーパーは、うちからちょっととおいです。
1 太い　　　2 広い　　　3 寒い　　　4 遠い

(54) 運動したので、あせをかきました。
1 油　　　　2 涙　　　　3 砂　　　　4 汗

(55) ルールは、ちゃんとまもりましょう。
1 守り　　　2 戻り　　　3 登り　　　4 割り

(56) 市長の意見には、はんたいです。
1 農民　　　2 反対　　　3 神様　　　4 種類

B 次の漢字の読み方を例のようにひらがなで書いてください。

・ひらがなは、**ただしく、ていねいに**書いてください。
・**漢字の読み方だけ**書いてください。

（例）	か

（例）　はやく書いてください。

(57)　**別**の店にしましょう。

(58)　**注文**は、決まりましたか。

(59)　**青**い車が好きです。

(60)　毎年、**冬**に北海道へ行きます。

(61)　ここは、**空気**がきれいですね。

(62)　このかばんは、**軽**いです。

(63)　**時計**は、ここに置きます。

(64)　庭で何を**育**てていますか。

(65)　**髪**がきれいですね。

(66)　私は、**深夜**まで働いています。

4 記述問題

A 例のように_____に合う言葉を入れて文をつくってください。

・文字は、<u>ただしく、ていねいに</u>書いてください。
・漢字で書くときは、<u>今の日本の漢字</u>を<u>ただしく、ていねいに</u>書いてください。

（例）　きのう、_____でパンを_____。
　　　　　　　　　　（A）　　　　　　　　　　　（B）

（例）	(A)	スーパー	(B)	買いました

---

(67)　（電話で）
　A：今日、仕事が終わってから、食事に_____ませんか。
　　　　　　　　　　　　　　　　　　　　　　（A）
　B：いいですね。じゃ、6時に駅で_____ましょう。
　　　　　　　　　　　　　　　　　　　（B）

(68)
　うるさいですよ。
　となりの部屋は、今テスト_____ですから、_____にしてください。
　　　　　　　　　　　　　　　　（A）　　　　　　　　　　（B）

(69)　（会社で）
　山本：あれ？　中野さん、今日は、_____なんですか。
　　　　　　　　　　　　　　　　　　　　　　　（A）
　藤崎：ええ。今朝連絡があって、風邪を_____と言っていました。
　　　　　　　　　　　　　　　　　　　　　（B）

(70)　（会社で）
　佐野：部長の娘さんの名前、わかる？

　浅川：あー、このあいだ_____ばかりなのに、もう_____ちゃった。
　　　　　　　　　　　　　（A）　　　　　　　　　　　　　　（B）

B　例のように３つの言葉を全部使って、会話や文章に合う文をつくってください。

・【　　　】の中の文だけ書いてください。
・1.→2.→3.の順に言葉を使ってください。
・言葉の＿＿の部分は、形を変えてもいいです。
・文字は、ただしく、ていねいに書いてください。
・漢字で書くときは、今の日本の漢字をただしく、ていねいに書いてください。

（例）

きのう、【　1．どこ　　→　2．パン　　→　3．買う　】か。

| （例） | どこでパンを買いました |

(71)

ごはんを【　1．食べる　→　2．あと　→　3．おふろ　】入ります。

(72)

道端：ワンさんは、あそこで【　1．ピアノ　→　2．弾く　→　3．人　】ですか。

富永：いえ、あの人は、リュウさんです。

(73)

兄弟で【　1．いちばん　→　2．はしる　→　3．速い　】のは、兄です。

(74)　（会社で）

A：あれ？　エアコンから【　1．変　→　2．音　→　3．する　】いますよ。

B：本当ですね。修理してもらいましょう。

── このページには問題はありません。──

J.TEST

実用日本語検定

聴解試験

1 写真問題 (問題1～6)

例題

| れい | ● ② ③ ④ | （答えは解答用紙にマークしてください） |

A 問題1

B　問題2

C　問題3

D 問題4

E 問題5

F 　問題6

2 聴読解問題 （問題7〜12）

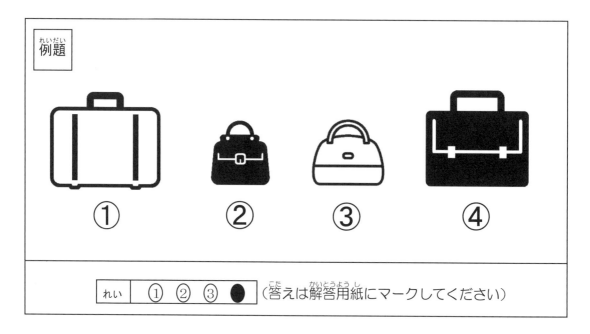

例題

① ② ③ ④

れい　① ② ③ ● （答えは解答用紙にマークしてください）

G　問題7

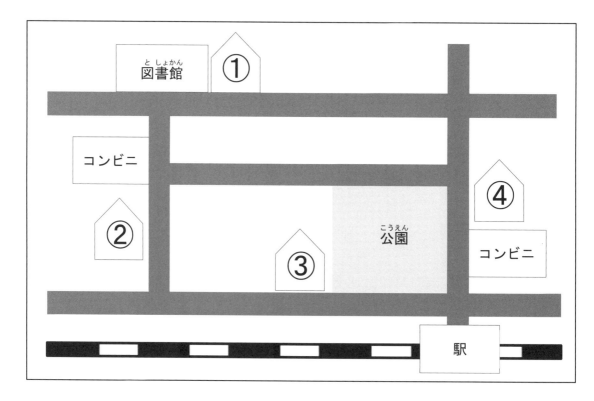

H 問題8

I 問題9

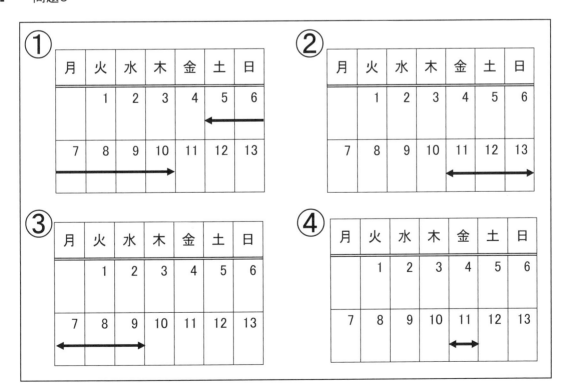

① となりの部屋

② 自分の席

③ 資料室

④ 会議室

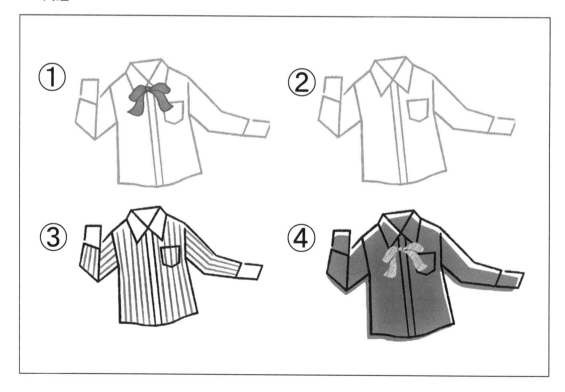

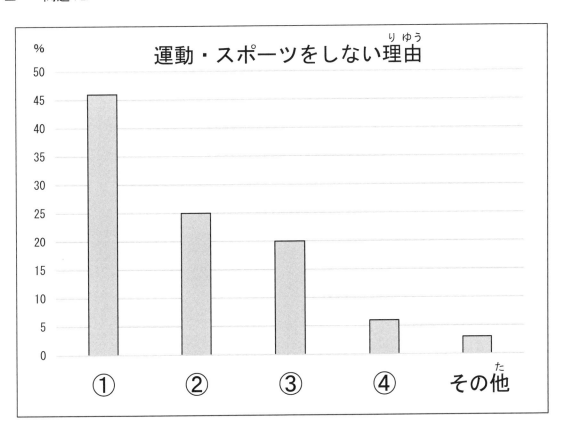

運動・スポーツをしない理由

3 応答問題 (問題13〜28)

(問題だけ聞いて答えてください。)

例題1 → れい1 ● ② ③

例題2 → れい2 ① ● ③

(答えは解答用紙にマークしてください)

問題13

問題14

問題15

問題16

問題17

問題18

問題19

問題20

問題21

メモ (MEMO)

問題22

問題23

問題24

問題25

問題26

問題27

問題28

4 会話・説明問題 <ruby>かい<rt>かい</rt></ruby>（問題29〜38）

例題	
	1　耳が痛いですから
	2　頭が痛いですから
	3　歯が痛いですから

れい　　（答えは解答用紙にマークしてください）

1

問題29　1　電車で傘を拾いましたから

　　　　2　トイレの場所がわかりませんでしたから

　　　　3　駅のトイレに傘を忘れましたから

問題30　1　名前と住所を書きます。

　　　　2　学生証を見せます。

　　　　3　駅員をまちます。

2

問題31　1　1つです。

　　　　2　2つです。

　　　　3　3つです。

問題32　1　月曜日です。

　　　　2　火曜日です。

　　　　3　水曜日です。

3

問題33　1　携帯電話をベッドの近くに置いています。
　　　　2　バッグに必要なものを入れています。
　　　　3　家族の電話番号を覚えています。

問題34　1　地震のとき、持って行くものです。
　　　　2　地震のとき、一緒に逃げる人です。
　　　　3　地震のとき、逃げる場所です。

4

問題35　1　お金がないですから
　　　　2　SNSにお弁当の写真をのせますから
　　　　3　体にいいですから

問題36　1　2人は、一緒に昼ごはんを食べています。
　　　　2　男の人は、料理の本を買います。
　　　　3　女の人は、本の名前がわかりませんでした。

5

問題37　1　会社から近くて便利ですから
　　　　2　べつのホテルを探すのが面倒ですから
　　　　3　電車で行く人が行きやすい場所にありますから

問題38　1　テニスコートを予約します。
　　　　2　新しくできた施設の情報を調べます。
　　　　3　社員りょこうについて課長に報告します。

おわり

実用日本語検定

TEST OF PRACTICAL JAPANESE

J.TEST

受験番号		氏　名	

注　意

1　試験が始まるまで、この問題用紙を開けないでください。

2　この問題用紙は、全部で３４ページあります。

日本語検定協会／J.TEST事務局

J.TEST

実用日本語検定

```
┌─────────────────────┐
│   読 解 試 験        │
└─────────────────────┘
```

（どっかいしけん）

1　文法・語彙問題

A　次の文の（　　　　）に1・2・3・4の中から一番いい言葉を入れてください。

（1）　3時間（　　　　）待ちましたが、山口さんは来ませんでした。
　　　　1　が　　　　　　2　を　　　　　　3　も　　　　　　4　で

（2）　はしが上手に使える（　　　　）なりました。
　　　　1　ことに　　　　2　ように　　　　3　そうに　　　　4　はずに

（3）　エアコンは、そのまま（　　　　）おいてください。
　　　　1　つけ　　　　　2　つけて　　　　3　つける　　　　4　つけよう

（4）　大人になって、勉強の（　　　　）がわかりました。
　　　　1　大切　　　　　2　大切な　　　　3　大切さ　　　　4　大切だ

（5）　A：「どうしたんですか。元気がありませんね」
　　　　B：「部長に（　　　　）んです」
　　　　1　叱った　　　　2　叱られた　　　　3　叱らせた　　　　4　叱って

（6）　こちらにご住所とお名前をお（　　　　）ください。
　　　　1　書く　　　　　2　書いて　　　　3　書け　　　　　4　書き

（7）　このにくは、（　　　　）すぎて、食べられません。
　　　　1　固　　　　　　2　固い　　　　　3　固く　　　　　4　固くて

（8）　焼き（　　　　）のパンは、まだ温かいですね。
　　　　1　たて　　　　　2　っぱなし　　　3　きり　　　　　4　がち

（9）　電車が（　　　　）、面接に間に合いませんでした。
　　　　1　遅れるとしたら　　　　　　　　2　遅れたからといって
　　　　3　遅れるとともに　　　　　　　　4　遅れたせいで

（10）　A：「何かペットを飼いたいな」
　　　　B：「ペットはかわいいけど、（　　　　）よ」
　　　　1　大変だから飼うわけだ　　　　　　2　飼ったら飼ったで大変だ
　　　　3　大変だから飼うに違いない　　　　4　ペットさえ飼えば大丈夫だ

B　次の文の（　　　　）に１・２・３・４の中から一番いい言葉を入れてください。

(11)　しなものの（　　　　）は、すべて 500 円です。
　　　　1　おつり　　　　2　物価　　　　3　家賃　　　　4　値段

(12)　毎朝ジョギングをしたら、（　　　　）が減りました。
　　　　1　体重　　　　2　割合　　　　3　気分　　　　4　こころ

(13)　もうおそいですから、（　　　　）帰りましょう。
　　　　1　やっと　　　　2　たまに　　　　3　そろそろ　　　　4　どんどん

(14)　A：「りょこうの支度は、終わりましたか」
　　　　B：「ええ、（　　　　）ものは全部、かばんに入れました」
　　　　1　にがてな　　　　2　熱心な　　　　3　必要な　　　　4　だめな

(15)　このいすを隣の部屋に（　　　　）ください。
　　　　1　かんがえて　　　　2　割れて　　　　3　決めて　　　　4　運んで

(16)　この池は（　　　　）ですから、小さい子どもでも遊べます。
　　　　1　おかしい　　　　2　柔かい　　　　3　細かい　　　　4　浅い

(17)　A：「あのう、私の足を（　　　　）いますよ」
　　　　B：「あ、すみません」
　　　　1　捨てて　　　　2　踏んで　　　　3　落ちて　　　　4　揺れて

(18)　毎晩外食するなんて、本当に（　　　　）生活をしていますね。
　　　　1　のんきな　　　　2　平気な　　　　3　ぜいたくな　　　　4　貧乏な

(19)　（　　　　）で髪を乾かします。
　　　　1　ブラシ　　　　2　ドライヤー　　　　3　フライパン　　　　4　アイロン

(20)　夜空に星がきらきらと（　　　　）います。
　　　　1　くつろいで　　　　2　つぐなって　　　　3　にぎわって　　　　4　かがやいて

C 次の文の＿＿＿の意味に一番ちかいものを１・２・３・４の中から選んでください。

(21) チケットを持っていますか。
 1 名刺 　　　　 2 かぎ 　　　　 3 きっぷ 　　　　 4 地図

(22) 兄は、ちっとも勉強しません。
 1 やっぱり 　　 2 あまり 　　　 3 きっと 　　　 4 全然

(23) 新しい家は、気に入っていますか。
 1 きれいです 　 2 好きです 　　 3 安全です 　　 4 汚いです

(24) 昨日、先生のお宅に伺いました。
 1 送りました 　 2 行きました 　 3 知らせました 　 4 届きました

(25) おじょうさんは、お元気ですか。
 1 息子さん 　　 2 弟さん 　　　 3 娘さん 　　　 4 妹さん

(26) 彼は、社長にあいさつをせずに帰りました。
 1 して 　　　　 2 しないで 　　 3 してから 　　 4 するために

(27) 時間が足りません。
 1 たくさんあります 　　　　　 2 わかりません
 3 十分ではありません 　　　　 4 なくなりました

(28) 山田さんは、出張のたびにおみやげをくれます。
 1 出張したら、いつも 　　　　 2 出張したら、たまに
 3 出張したら、たいてい 　　　 4 出張したら、ときどき

(29) 彼女は、感謝の気持ちを述べました。
 1 お礼 　　　　 2 お別れ 　　　 3 感動 　　　　 4 謝罪

(30) 恐ろしい話を聞きました。
 1 残念な 　　　 2 かわいそうな 　 3 幸せな 　　　 4 怖い

―――― このページには問題はありません。 ――――

2　読解問題

問題　1

次のメールを読んで、問題に答えてください。
答えは1・2・3・4の中から一番いいものを1つ選んでください。

これは、トアンさんと鈴木さんのメールです。

（トアンさんが書いたメール）

> 鈴木さん。明日、ニホン電気に一緒に行ってくれませんか。パソコンを買いたいんです。

（鈴木さんが書いたメール）

> すみません、明日は、ちょっと…。
> 土曜日ならいいんですが。パソコン、壊れたんですか。簡単な故障なら、私が直せますよ。

> そうじゃありません。新しい仕事を始めるので、もう1台すぐに欲しいんです。

> そうですか。じゃ、ＡＢＣ電気へ行ったらどうですか。ベトナム語を話す店員さんがいますよ。

> そうですか。じゃ、明日行ってみます。ありがとうございました。

> いいえ。どういたしまして。

(31) トアンさんについて、メールの内容と合っているのは、どれですか。

    1　1人でパソコンを買いに行きます。

    2　パソコンを鈴木さんに借りています。

    3　鈴木さんと会う約束をしました。

    4　パソコンが壊れました。

(32) 鈴木さんについて、メールの内容と合っているのは、どれですか。

    1　ニホン電気で働いています。

    2　ベトナム語を話すことができます。

    3　土曜日は、忙しいです。

    4　パソコンの簡単な修理ができます。

問題　2

次の文章を読んで、問題に答えてください。
答えは1・2・3・4の中から一番いいものを1つ選んでください。

　私の友達、河野さんは、私よりずっと年が上です。私の父より10歳上です。2年まえのある日、私が公園でギターを弾いていたら、上手だと言ってくれました。それから、私たちはいろいろな音楽の話をしました。そして、私たちは友達になって、私はよく、河野さんのうちへ遊びに行っています。河野さんの奥さんは、ピアノができます。河野さんは、うたが上手です。コンピューターで音楽を作ることもできます。3人でいろいろな音楽を楽しんでいます。

---

(33)　河野さんについて、文章の内容と合っているのは、どれですか。
　　　1　コンピューターのエンジニアです。
　　　2　結婚しています。
　　　3　「私」より若いです。
　　　4　ピアノが弾けます。

問題　3

次の文章を読んで、問題に答えてください。
答えは1・2・3・4の中から一番いいものを1つ選んでください。

　日本の会社に入ってすぐ、他の会社の人と話す機会がありました。そこでその人から名刺をもらいました。私は、すぐに上着のポケットにしまいましたが、先輩は、その名刺を机の上に置いて、そのまま話を続けていました。あとで、先輩に注意されました。日本では、もらった名刺をすぐにしまってはいけないそうです。それに、もらった名刺は、ポケットではなく、「名刺入れ」というものにしまわなければならないと言われました。私は、そのとき、はじめて知りました。

---

(34)　「私」は、どうして「すぐに上着のポケットにしまいました」か。
1　日本の仕事のときのルールをよく知りませんでしたから。
2　「名刺入れ」を持っていませんでしたから。
3　先輩に「机の上に置いておくな」と注意されましたから。
4　ポケットのある上着を着ていましたから。

問題 4

次の文章を読んで、問題に答えてください。
答えは1・2・3・4の中から一番いいものを1つ選んでください。

4人に「どんな料理を作るか」聞きました。

Aさん	Bさん
辛いものをよく作ります。いっしょに住んでいるタイ人の友達と作ります。日本料理も作ってみたいですが、難しそうなので、まだ作ったことがありません。	スパゲッティーが多いです。簡単だし、子どもも大好きですから。でも、自分で食べるときは、ぎゅうどんとか簡単な日本料理をよく作ります。やっぱり日本料理のあじが好きですから。
Cさん	Dさん
妻も私も忙しいので、料理はしません。おかずやお弁当を買ってくるか、外で食べます。私の国では、それがふつうです。家には、小さな台所しかありませんから。	私は、ほとんど料理をしません。私の寮には、食堂があって、ご飯を出してくれるからです。一度、寮の食堂でみんなで国の料理を作ったことがありますが、私はちょっと手伝っただけです。

---

(35)　日本の料理を作るのは、だれですか。
　　　1　Aさんです。
　　　2　Bさんです。
　　　3　Cさんです。
　　　4　Dさんです。

(36)　家族と一緒に住んでいるのは、だれですか。
　　　1　Aさんです。
　　　2　BさんとCさんです。
　　　3　CさんとDさんです。
　　　4　Dさんです。

問題　5

次のお知らせを読んで、問題に答えてください。
答えは1・2・3・4の中から一番いいものを1つ選んでください。

2021年5月10日

社員の皆さんへ

メールアドレスについて

現在、皆さんが社内で使っているメールアドレスが新しくなります。

今のアドレスは、6月1日から使えません。

新しいアドレスは、来週中にメールでお知らせします。

5月24日になっても届いていない場合は、

今使っているメールアドレスから吉川までご連絡をおねがいします。

よろしくおねがいします。

総務部　吉川

---

(37)　社員は、このお知らせを読んだあと、どうしますか。
　　1　吉川さんに新しいメールアドレスを知らせます。
　　2　来週から新しいメールアドレスを使います。
　　3　今週中に新しいメールアドレスを決めます。
　　4　吉川さんからのメールを待ちます。

(38)　お知らせの内容と合っているのは、どれですか。
　　1　社員は、もう新しいメールアドレスを知っています。
　　2　社員は、これからメールアドレスを2つ使えます。
　　3　社員は、吉川さんからメールが来ないときだけ、連絡すればいいです。
　　4　吉川さんは、新しいメールアドレスを使っています。

問題 6

次のメールを読んで、問題に答えてください。
答えは1・2・3・4の中から一番いいものを1つ選んでください。

件名：お電話ありました

鈴木さん

お疲れ様です。
本日（5月7日）午前10時23分、
日本トラベルの吉田様よりお電話がありました。
今日中にお電話いただきたいとのことでした。
今日の18時までは、会社にいらっしゃるそうです。

TEL：012-322-67XX

6月20日（日）のイベントのポスターについて
ご相談したいとのことでした。
よろしくおねがいします。

チュオン

---

(39) 鈴木さんは、メールを読んだあと、どうしますか。
  1 吉田さんに電話します。
  2 吉田さんを会社で待ちます。
  3 イベントのポスターを変更します。
  4 イベントのポスターについて、チュオンさんと相談します。

(40) メールの内容と合っているのは、どれですか。
  1 吉田さんは、2回連絡をくれました。
  2 吉田さんは、18時を過ぎたら、会社にいません。
  3 チュオンさんは、日本トラベルの社員です。
  4 来週イベントが予定されています。

── このページには問題はありません。 ──

問題 7

次のお知らせを読んで、問題に答えてください。
答えは1・2・3・4の中から一番いいものを1つ選んでください。

「となりの外国人さん」 出演者募集！

　地域FM・柴山ラジオでは、毎週金曜夕方5時から「となりの外国人さん」という番組を放送しています。

　この番組に出演してくださる方を大募集しています。

応募資格…
柴山市に住んでいるか、柴山市内で働いている18歳以上の外国人。
日本語で会話ができる方。

応募方法…
日本語で書いた自己紹介文をメールで送ってください。
自己紹介文の書き方は、ホームページに定型フォームがあります。

その他…
放送は録音です。録音時間は、30分程度です。
録音場所は、放送局のスタジオ、出演者の職場など、出演者の希望などにより決定します。

定型フォームと詳しい応募要項「柴山ラジオホームページ」はこちら！
shibayama.radio.XX.net

(41) 出演できる人は、どの人ですか。

    1　柴山市内の高校に通う 17 歳の中国人

    2　柴山市内にりょこうに来ている韓国人

    3　柴山市内の病院に勤めているアメリカ人

    4　柴山市内に住んでいるインドネシア人と結婚した日本人

(42) 放送についてお知らせの内容と合っているのは、どれですか。

    1　テレビ番組に出たい人を探しています。

    2　録音は、毎週金曜の 17 時です。

    3　録音をする場所は決まっていません。

    4　出演者は、番組で自己紹介をすることになっています。

問題　8

次の文章を読んで、問題に答えてください。
答えは1・2・3・4の中から一番いいものを1つ選んでください。

　私の友人は5年まえ、東京からいなかへ引っ越しました。友人は生まれてから都会にしか住んだことがなかったので、私は反対しました。しかし、「もう都会に住むのが嫌になったよ。仕事が大変で、病気になりそうなんだ」と言って会社を辞めて、奥さんと2歳の子どもといなかで生活することを決めたのです。

　友人が引っ越して、半年ぐらいたったころ、私は、友人に会いに行きました。友人は、「のんびり生活しているよ。給料は半分になっちゃったけど」と言って、笑いました。友人の奥さんに聞くと、「ご近所との付き合い方とかは、都会より難しいところもあるけど、みんな親切だし、食べものも安くておいしいし、空気もきれいだし、引っ越してよかったよ」と言っていました。

　去年、友人夫婦は、そこに家をたてました。そして、ご近所の方々に助けてもらいながら、畑で野菜を作って、生活しています。もう、すっかりいなか暮らしに馴染んで、楽しく毎日を過ごしているようです。私はそんな友人をうらやましく感じています。

---

(43)　「私」の友人は、どうしていなかに引っ越しましたか。
1　給料が半分になったからです。
2　いなかに住むことが夢だったからです。
3　畑で野菜を作りたかったからです。
4　都会での生活に疲れたからです。

(44)　「そんな友人」とは、どんな友人ですか。
1　毎日仕事で忙しい友人です。
2　新しい生活を楽しんでいる友人です。
3　ご近所との付き合いに疲れている友人です。
4　病気が治って、元気になった友人です。

問題　9

次の文章を読んで、問題に答えてください。
答えは1・2・3・4の中から一番いいものを1つ選んでください。

　あなたの周りに、いつもイライラしている人は、いませんか。また、自分自身がいつもイライラしているという人もいるかもしれません。仕事や家事、育児に忙しいと、イライラすることも多くなります。このイライラの気持ち、どうすればよいのでしょうか。

　最近は、「アンガーマネジメント」という言葉をよく聞くようになりました。「アンガーマネジメント」とは、イライラする気持ちを自分で落ち着かせる方法です。私は、この方法を知ってから、自分の「イライラ」とうまく付き合えるようになりました。

　「アンガーマネジメント」にもいろいろな方法があるようですが、私がやっているのは、「イライラしたら6秒待つ」というものです。イライラしてすぐ何かをしようとすると、ものを壊してしまったり、相手にひどいことを言ってしまったりすることが多いです。しかし、6秒待つだけで怒りを少し落ち着かせることができるのです。

　たった6秒と思うかもしれませんが、イライラしているときの6秒は、とても長く感じるでしょう。これは、結構難しいことなのです。

　今まで私は、イライラするとすぐにそれを顔や言葉に出して、相手を嫌な気持ちにさせてしまい、その結果、自分ももっと嫌な気持ちになっていました。でも、これをするようになってからは、そのようなことが少なくなりました。皆さんもぜひ、やってみてください。

---

(45)　「私」は、「イライラ」についてどう言っていますか。
　　1　イライラしている人が周りにたくさんいて、困っています。
　　2　イライラしたときに6秒待つことは、簡単ではありません。
　　3　イライラしたことは、一度もありません。
　　4　イライラしていると、時間が早く感じます。

(46)　文章の内容と合っているのは、どれですか。
　　1　「私」は、自分の気持ちをコントロールする方法を見つけました。
　　2　「アンガーマネジメント」の方法は、1つだけです。
　　3　「私」は、「アンガーマネジメント」によって、家事や育児が楽になりました。
　　4　「アンガーマネジメント」は、嫌いな相手とうまく付き合う方法です。

3 漢字問題

A 次のひらがなの漢字をそれぞれ1・2・3・4の中から1つ選んでください。

(47) ピアノをならっています。
    1 習って   2 去って   3 走って   4 集って

(48) このスープは、あじが薄いです。
    1 田   2 色   3 味   4 風

(49) えいがを見るのが好きです。
    1 映画   2 運転   3 特急   4 建物

(50) お湯が沸いたら、火をとめてください。
    1 飲めて   2 歩めて   3 止めて   4 考めて

(51) おちゃでもいかがですか。
    1 赤   2 茶   3 森   4 紙

(52) 私 は、いちごのけんきゅうをしています。
    1 歌手   2 便利   3 産業   4 研究

(53) あきになったら、行きましょう。
    1 春   2 夏   3 秋   4 冬

(54) ご飯を食べると、ねむくなります。
    1 熱く   2 眠く   3 深く   4 濃く

(55) 早く仕事をすませましょう。
    1 済ませ   2 混ませ   3 覚ませ   4 冷ませ

(56) 若い頃、にがい経験をしました。
    1 苦い   2 難い   3 願い   4 断い

B　次の漢字の読み方を例のようにひらがなで書いてください。

・ひらがなは、**ただしく、ていねいに**書いてください。
・**漢字の読み方だけ**書いてください。

（例）　はやく書いてください。　　　　(例) | か

---

(57)　生肉が一番好きです。

(58)　黒いスカートをはいています。

(59)　兄弟がいますか。

(60)　彼は、心がきれいな人です。

(61)　この旅館は、とてもすてきですね。

(62)　すっかり暗くなりました。

(63)　よく魚を食べます。

(64)　絵をかくのが好きです。

(65)　これを加えてください。

(66)　二丁目の交差点まで来てください。

4　記述問題

A　例のように＿＿＿＿＿＿に合う言葉を入れて文をつくってください。

- 文字は、**ただしく、ていねいに**書いてください。
- 漢字で書くときは、**今の日本の漢字**を**ただしく、ていねいに**書いてください。

（例）　きのう、＿＿＿＿＿＿＿＿でパンを＿＿＿＿＿＿＿＿。
　　　　　　　　　　　（A）　　　　　　　　　　　（B）

（例）	(A)	スーパー	(B)	買いました

---

(67)

日本語では、ご飯を＿＿＿＿＿＿＿＿とき、「いただきます」と＿＿＿＿＿＿＿＿ます。
　　　　　　　　　　　（A）　　　　　　　　　　　　　　　　　　　　　　（B）

(68)

この部屋には、＿＿＿＿＿＿＿＿もいませんから、電気を＿＿＿＿＿＿＿＿ましょう。
　　　　　　　　　（A）　　　　　　　　　　　　　　　　（B）

(69)　（病院で）

病気の人：先生、この＿＿＿＿＿＿＿＿は、今晩のめばいいですか。
　　　　　　　　　　　（A）

医者　　：はい。でも、もし熱が＿＿＿＿＿＿＿＿ら、明日の朝ものんでください。
　　　　　　　　　　　　　　　　（B）

(70)

A：困ったなあ。どこかでパスポートを＿＿＿＿＿＿＿＿しまいました。
　　　　　　　　　　　　　　　　　　　（A）

B：え！　早く警察に連絡した＿＿＿＿＿＿＿＿がいいですよ。
　　　　　　　　　　　　　　　（B）

B　例のように３つの言葉を全部使って、会話や文章に合う文をつくってください。

・【　　　】の中の文だけ書いてください。
・1.→2.→3.の順に言葉を使ってください。
・言葉の　　　の部分は、形を変えてもいいです。
・文字は、ただしく、ていねいに書いてください。
・漢字で書くときは、今の日本の漢字をただしく、ていねいに書いてください。

（例）

きのう、【　1．どこ　→　2．パン　→　3．買う　】か。

| （例） | どこでパンを買いました |

---

(71)

私は【　1．コーヒー　→　2．さとう　→　3．入れる　】、のみます。
甘いコーヒーが好きですから。

(72)　（図書かんで）

A：すみませんが、【　1．ここ　→　2．音楽　→　3．きく　】ください。

B：あ、すみません。あっちへ行きます。

(73)

A：どんな人と結婚したいですか。

B：父【　1．ような　→　2．やさしい　→　3．まじめ　】人がいいですね。

(74)

A：郵便局は、どちらですか。

B：あそこの【　1．角　→　2．右　→　3．曲がる　】ところにありますよ。

── このページには問題はありません。──

J.TEST

実用日本語検定

聴解試験

1 写真問題 (問題1〜6)

例題

れい ● ② ③ ④ （答えは解答用紙にマークしてください）

A　問題1

B　問題2

C　問題3

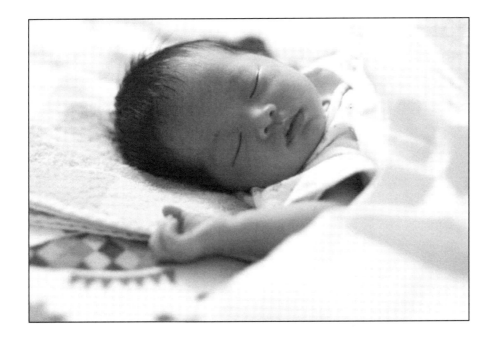

D 問題4

E 問題5

F　<ruby>問題<rt>もんだい</rt></ruby>6

2 聴読解問題 （問題7〜12）

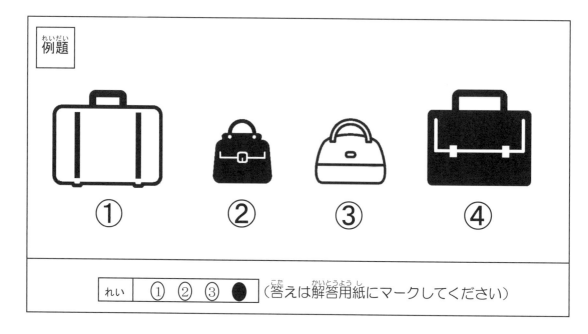

例題

① ② ③ ④

れい　① ② ③ ●　（答えは解答用紙にマークしてください）

G　問題7

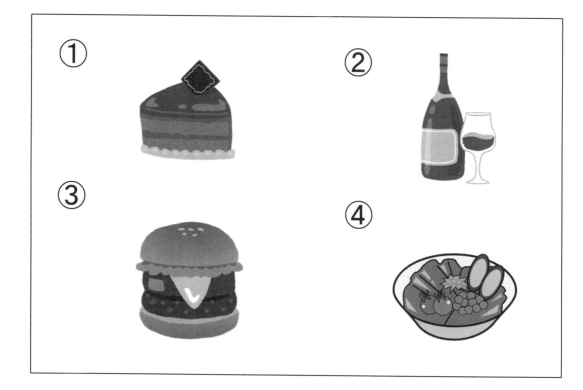

①
②
③
④

- 108 -

H　問題8

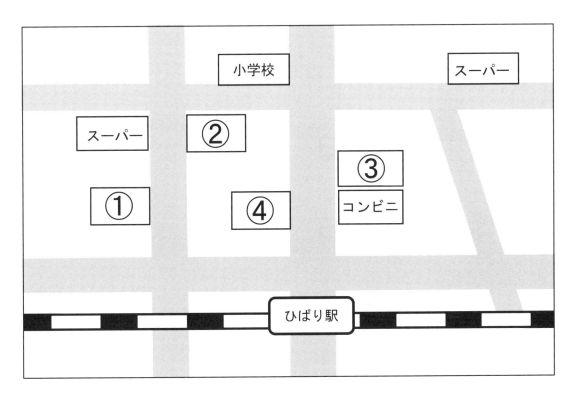

I　問題9

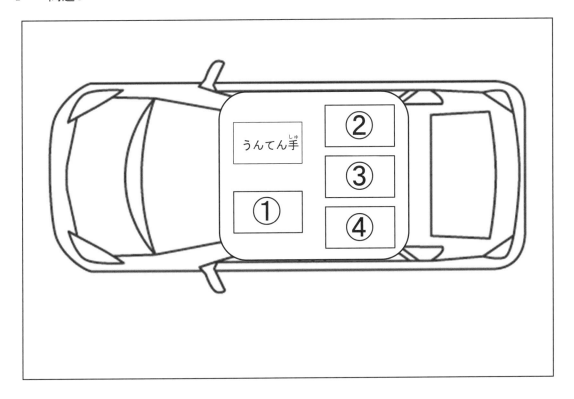

J　問題10

①　5月7日

②　5月14日

③　5月21日

④　5月28日

K　問題11

誰とキャンプに行く予定ですか？

1位	①	43 人
2位	②	30 人
3位	③	17 人
4位	恋人	7 人
5位	④	3 人

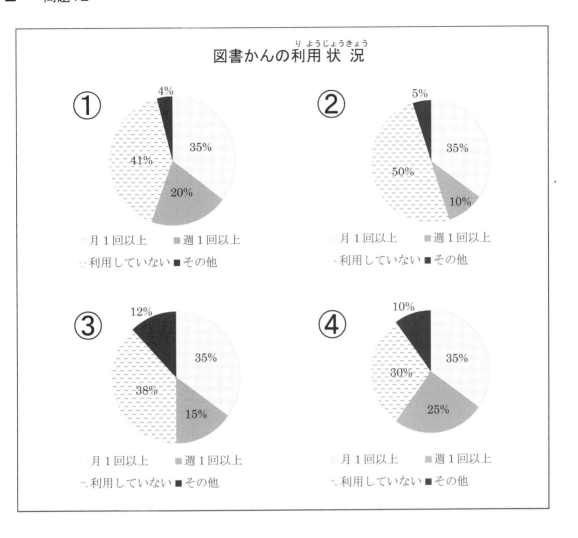

図書かんの利用状況

3 応答問題 (問題13〜28)

(問題だけ聞いて答えてください。)

例題1 →	れい1 ● ② ③
例題2 →	れい2 ① ● ③

(答えは解答用紙にマークしてください)

問題13

問題14

問題15

問題16

問題17

問題18

問題19

問題20

問題21

問題22

問題23

問題24

問題25

問題26

問題27

問題28

メモ (MEMO)

4 会話・説明問題 (問題29〜38)

例題
1 耳が痛いですから
2 頭が痛いですから
3 歯が痛いですから

れい 　（答えは解答用紙にマークしてください）

1

問題29 1 いえです。
2 学校です。
3 レストランです。

問題30 1 誕生日は、来月です。
2 来月、家族が日本へ来ます。
3 先月、両親に会いました。

2

問題31 1 キャッシュカードと通帳です。
2 キャッシュカードだけです。
3 通帳だけです。

問題32 1 ATMです。
2 銀行の窓口です。
3 出口です。

3

問題33　1　注文の数です。
　　　　2　商品のいろです。
　　　　3　届ける日です。

問題34　1　お客様に電話して謝ります。
　　　　2　お客様に商品を届けに行きます。
　　　　3　支店に商品があるか聞いてみます。

4

問題35　1　火曜日だけです。
　　　　2　日曜日だけです。
　　　　3　火曜日と日曜日です。

問題36　1　店長は、小学生の子どもがいます。
　　　　2　店長は、来週休みを取りました。
　　　　3　女の人は、うんどう会を見に行きます。

5

問題37　1　部品の汚れをきれいに拭きます。
　　　　2　部品を水と洗剤で洗います。
　　　　3　部品のほこりを掃除機で取ります。

問題38　1　リビングの床です。
　　　　2　台所です。
　　　　3　風呂場です。

おわり

実用日本語検定

TEST OF PRACTICAL JAPANESE

J.TEST

受験番号		氏　名	

注　意

1　試験が始まるまで、この問題用紙を開けないでください。

2　この問題用紙は、全部で３４ページあります。

日本語検定協会／J.TEST事務局

J.TEST

実用日本語検定

読　解　試　験

1 文法・語彙問題

A 次の文の（　　　）に1・2・3・4の中から一番いい言葉を入れてください。

（1）　3日以内（　　　）、レポートを出してください。
　　　　1　まで　　　　　　2　が　　　　　　　3　へ　　　　　　4　に

（2）　靴を履いた（　　　）、家の中に入ってはいけませんよ。
　　　　1　こと　　　　　　2　ほど　　　　　　3　まま　　　　　4　はず

（3）　来月の出張は、田中さんと（　　　）つもりです。
　　　　1　行く　　　　　　2　行って　　　　　3　行き　　　　　4　行った

（4）　明日、天気が（　　　）、出かけませんか。
　　　　1　よくて　　　　　2　よければ　　　　3　よくても　　　4　よいのに

（5）　この仕事は、ぜひ、わたしに（　　　）ください。
　　　　1　やって　　　　　2　やられて　　　　3　やらせて　　　4　やらされて

（6）　あの店は、何でも100円（　　　）買えます。
　　　　1　が　　　　　　　2　と　　　　　　　3　で　　　　　　4　を

（7）　このいすは、とても（　　　）そうです。
　　　　1　丈夫の　　　　　2　丈夫な　　　　　3　丈夫で　　　　4　丈夫

（8）　歳を（　　　）につれて、体が弱くなりました。
　　　　1　取って　　　　　2　取る　　　　　　3　取った　　　　4　取り

（9）　私は、日本のアニメ（　　　）、日本語の勉強を始めました。
　　　　1　に従って　　　　2　をきっかけに　　3　に比べて　　　4　をもとに

（10）　鈴木：「カイさん、日本に住んでいたそうですね」
　　　　カイ：「ええ。でも、（　　　）、1か月だけです」
　　　　1　住んでいたといっても　　　　　　　2　住んでいたばかりか
　　　　3　住んでいた割には　　　　　　　　　4　住んでいたからといって

B　次の文の（　　　）に 1・2・3・4 の中から一番いい言葉を入れてください。

(11)　わからないことは、（　　　）してください。
　　　　1　残業　　　　　　2　見学　　　　　　3　案内　　　　　4　質問

(12)　（　　　）の 7 ページを見てください。
　　　　1　チケット　　　　2　デザイン　　　　3　ホッチキス　　4　テキスト

(13)　（　　　）言ったとおりに書いてください。
　　　　1　たしか　　　　　2　さっき　　　　　3　決して　　　　4　今にも

(14)　A：「新しいアパートは、どうですか」
　　　　B：「広くなりましたが、ちょっと買い物に（　　　）なんです」
　　　　1　複雑　　　　　　2　熱心　　　　　　3　不便　　　　　4　まじめ

(15)　雨の日は、洗濯したふくがなかなか（　　　）。
　　　　1　建てません　　　2　乾きません　　　3　落としません　4　続けません

(16)　この果物は、少し（　　　）です。
　　　　1　深い　　　　　　2　苦い　　　　　　3　うれしい　　　4　悲しい

(17)　子：「お母さん、とけいが止まってるよ」
　　　　母：「あら。じゃ、電池を（　　　）ないと」
　　　　1　取り替え　　　　2　乗り換え　　　　3　引っ越さ　　　4　気を付け

(18)　今日は、（　　　）歩いて、疲れました。
　　　　1　いらいら　　　　2　ぎりぎり　　　　3　そっくり　　　4　あちこち

(19)　彼が言ったことは、事実に（　　　）ありません。
　　　　1　対立　　　　　　2　相違　　　　　　3　不正　　　　　4　見当

(20)　毎晩、ご飯を（　　　）います。
　　　　1　ゆでて　　　　　2　わかして　　　　3　たいて　　　　4　そそいで

C　次の文の＿＿＿の意味に一番ちかいものを１・２・３・４の中から選んでください。

(21)　前川さんは、本当にしんせつですね。
　　　　１　すてき　　　　２　優しい　　　　３　厳しい　　　　４　美しい

(22)　かならずメールを送ってください。
　　　　１　絶対に　　　　２　最初に　　　　３　やっぱり　　　　４　もちろん

(23)　この料理には、ミルクが入っています。
　　　　１　牛乳　　　　２　肉　　　　３　卵　　　　４　おさけ

(24)　社長がおいでになりました。
　　　　１　行かれました　　　　　　　　２　おっしゃいました
　　　　３　いらっしゃいました　　　　　４　お帰りになりました

(25)　今年のお祭りは、べつの場所であります。
　　　　１　違う　　　　２　同じ　　　　３　知らない　　　　４　遠い

(26)　沢田さんは、テレビを見てばかりいますね。
　　　　１　ときどき見ています　　　　２　全然見ません
　　　　３　あまり見ません　　　　　　４　いつも見ています

(27)　昨日のパーティーで踊りましたか。
　　　　１　ピアノをひきました　　　　２　プレゼントをあげました
　　　　３　スピーチをしました　　　　４　ダンスをしました

(28)　遅刻したら、面接が受けられないことになっています。
　　　　１　と決まっています　　　　　２　そうです
　　　　３　おそれがあります　　　　　４　かもしれません

(29)　ねこにえさをやりましょう。
　　　　１　道具　　　　２　おもちゃ　　　　３　薬　　　　４　食べ物

(30)　あの人は、いいかげんな人です。
　　　　１　積極的な　　　　２　無責任な　　　　３　いじわるな　　　　４　正直な

このページには問題はありません。

2 読解問題

問題 1

次のメールを読んで、問題に答えてください。
答えは1・2・3・4の中から一番いいものを1つ選んでください。

これは、ドックさんと加藤さんのメールです。

＜ドックさんが書いたメール＞

> 申し訳ありませんが、熱があるので、今日は休みたいのですが…。

＜加藤さんが書いたメール＞

> わかりました。今日、しなければならない仕事がありますか。

> 実は、スカイ自動車の田中さんと10時に約束があります。加藤さん、お願いしてもよろしいでしょうか。

> うーん、10時はちょっと…。他の仕事もありますし。午後からなら、いいですよ。

> わかりました。では、電話して、時間を変えてもらいます。

> わかりました。また連絡ください。

(31) ドックさんは、このあと、何をしますか。
　　 1　加藤さんに電話します。
　　 2　田中さんに電話します。
　　 3　田中さんに会います。
　　 4　会社に行きます。

(32) メールの内容と合っているのは、どれですか。
　　 1　加藤さんは、今、スカイ自動車にいます。
　　 2　加藤さんは、今日、会社を休みます。
　　 3　ドックさんは、約束を忘れていました。
　　 4　ドックさんは、今、元気じゃありません。

問題　2

次の文章を読んで、問題に答えてください。
答えは１・２・３・４の中から一番いいものを１つ選んでください。

この間、家のちかくで、男の人が道にある大きなちずを見ていました。私は、道を教えて
あげようと思いました。それで、「どこへ行きたいですか」と聞きました。でも男の人は、
「ありがとう。でも、これで調べますから」と言って、かばんから携帯電話を出しました。そ
して、それを見ながら行ってしまいました。男の人は、携帯電話のほうが便利だと思ったので
すね。私は、ちょっと悲しかったです。

---

(33)　「私」は、どうして「悲しかった」のですか。
　　1　男の人が「私」より携帯電話を選びましたから。
　　2　男の人が何も話しませんでしたから。
　　3　男の人が道を教えてくれませんでしたから。
　　4　男の人がお礼を言いませんでしたから。

問題　3

次の文章を読んで、問題に答えてください。
答えは1・2・3・4の中から一番いいものを1つ選んでください。

　私は、大学で工業デザインの勉強をしました。工業デザインは、ふくやかばんの

デザインとは違います。自動車やカメラ、パソコン、ボールペンなどのいろいろな製品

のデザインです。私が会社に入ってはじめてデザインしたのは、腕どけいでした。先輩

にデザインしたものを見せると、「いいデザインだけど、作るのにいくらかかるか考

えた？」と聞かれました。私は、全然考えていませんでした。私は、仕事でデザインす

るのと勉強でするのとは、全然違うことを教えられました。

---

(34)　「私」が会社の先輩に教えられたことは、どんなことですか。

1　腕どけいのデザインは、難しいということです。

2　私がしたデザインは、よくなかったということです。

3　デザインするときは、お金のことも考えないといけないということです。

4　デザインの勉強をもっとしないといけないということです。

問題　4

次の文章を読んで、問題に答えてください。
答えは1・2・3・4の中から一番いいものを1つ選んでください。

4人に「よく買い物する場所」を聞きました。

Aさん	Bさん
私は、料理ができませんから、コンビニで食べ物を買います。いろいろなお弁当があって、おいしいです。コンビニでいちばん好きなのは、ケーキです。でも、毎日食べていたら、太ってしまいました。	家族や友だちの誕生日には、いつもデパートでお菓子やふくを買って、プレゼントします。でも、デパートの品物は高いので、自分のものは、なかなか買えません。
Cさん	Dさん
私は、毎日スーパーに行っています。息子が3人いますが、みんな体が大きくて、ご飯をたくさん食べますから。息子たちは、私の料理が大好きで、レストランのよりずっとおいしいと言っています。	魚屋です。私はよく釣りに行くんですが、下手なので、魚がほとんどつれません。おみやげの魚を楽しみにまっている妻のために、魚屋で買ってから帰るようにしています。妻は、魚料理が得意なんです。

---

(35)　料理ができる人は、だれですか。

1　Aさんです。
2　Bさんです。
3　Cさんです。
4　CさんとDさんです。

(36)　文章の内容と合っているのは、どれですか。

1　Aさんは、体重が増えました。
2　Bさんは、自分の誕生日にデパートで買い物しました。
3　Cさんは、レストランで働いています。
4　Dさんは、独身です。

問題 5

次のお知らせを読んで、問題に答えてください。
答えは1・2・3・4の中から一番いいものを1つ選んでください。

第2駐車場の利用について

駐車場を使える社員

1. 学校や病院に家族を連れて行ってから会社に来る社員

2. 電車やバスに乗るのが大変な社員

3. その他、特別な理由がある社員(＊)

(＊)総務課の丸岡へご相談ください

使える日時

平日　8時〜20時

- -

12月から使えます。11月15日までに総務課へ申し込んでください。

来年からは、利用したい月の前月15日までに申し込んでください。

(例) 3月から使いたいときは、2月15日までに申し込む

会社の営業用の車などは、駐車できません。今までどおり会社の前にとめてください。

総務課・丸岡

---

(37)　第2駐車場は、だれが使えますか。

　　1　妻を駅に送ってから会社に来る社員です。

　　2　総務課で働いている社員です。

　　3　会社の車を使っている社員です。

　　4　子どもを学校に送ってから会社に来る社員です。

(38)　4月から駐車場を使いたいとき、どうしたらいいですか。

　　1　12月1日から12月15日の間に申し込みます。

　　2　12月15日に申し込みます。

　　3　2月15日までに申し込みます。

　　4　3月15日までに申し込みます。

問題　6

次のメールを読んで、問題に答えてください。
答えは１・２・３・４の中から一番いいものを１つ選んでください。

あて先　　　　： nakamura0621@nwc.xxxx.co.jp
そうしん日時：2021 年 12 月 15 日　9：32

中村様

お疲れ様です。
総務部の山田です。

先週お願いしました資料作成の件でご連絡しました。
昨日の 17 時までに出してほしいとお願いしていましたが、いつになりますでしょうか。
この資料は、明日 11 時からの社内会議で使います。

お忙しいとは思いますが、いろいろ準備がありますので、本日中にメールでお送りください。お願いします。

山田

---

(39)　山田さんは、どうして中村さんにメールを送りましたか。
　　　1　中村さんに頼まれた資料を送るためです。
　　　2　社内会議の時間が変わったことを知らせるためです。
　　　3　資料の間違いを直してほしいからです。
　　　4　資料を早く送ってほしいからです。

(40)　中村さんについて、メールの内容と合っているのは、どれですか。
　　　1　明日までに山田さんにメールしなければなりません。
　　　2　山田さんに頼まれたことをまだやっていません。
　　　3　山田さんと一緒に会議の準備をすることになりました。
　　　4　社内会議のとき、山田さんに資料を渡すことになりました。

──── このページには問題はありません。────

問題　7

次のお知らせを読んで、問題に答えてください。
答えは１・２・３・４の中から一番いいものを１つ選んでください。

◇　せせらぎ温泉ホテル　アルバイト募集　◇

当ホテルで働きませんか？
先輩社員がわかりやすく丁寧に教えます。
お客様に気もちよくご利用いただけるよう、一緒にがんばりましょう！

仕事	内容	仕事の時間	時給（1 時間の給料）
①そうじ係A	お客様のお部屋をそうじします	毎日　午前 10 時〜午後 4 時（休憩はありません）	８００円
②そうじ係B	お風呂（温泉）をそうじします	月曜日　午前 8 時〜午前 10 時	８００円
③料理人	ホテル内のレストランで料理を作ります	平日　朝：午前 6 時〜午前 11 時　夜：午後 6 時〜午後 10 時	１０５０円
④テーブル係	ホテル内のレストランで料理を運んだり、お皿を片付けたりします	平日　朝：午前 6 時〜午前 11 時　夜：午後 6 時〜午後 10 時	９００円

※　①、②、④は、アルバイトの経験がない人でも働けますが、③は、料理の仕事
　　経験がひつようです。
※　①、③、④は、週に２日以上働ける方です。
※　③、④は、朝か夜のどちらかです。

お問い合わせは　事務　中西（ Tel. ０１２−３４−××××）まで

(41) ファムさんは、今までにアルバイトをしたことがありません。
月曜日と水曜日の夜、働きたいと思っています。どの仕事ができますか。

1 そうじ係A

2 そうじ係B

3 料理人

4 テーブル係

(42) 井上さんは、1日にできるだけ長く働きたいと思っています。
どの仕事がいちばんいいですか。

1 そうじ係A

2 そうじ係B

3 料理人

4 テーブル係

問題　8

次の文章を読んで、問題に答えてください。
答えは1・2・3・4の中から一番いいものを1つ選んでください。

道を歩いていて、捨てられている缶や食べ物の袋を見たことはありませんか。汚いなあと思っても、それを拾おうと思う人はなかなかいません。

そんな中、ある市の小学生たちが自分たちの街をきれいにしようと考えて、ある活動を始めました。毎週末、グループを作って、ごみを拾いながら、街中を歩くというものです。

活動を続けて1か月後、結果は驚くべきものでした。道に捨てられているごみがほとんどなくなったのです。これは、子どもたちがごみを拾ったからだけではありません。子どもたちが活動しているのを見て、ごみを捨てる人が減ったのです。

その後、子どもたちの活動に、親やちいきのお年寄りも参加するようになりました。今ではごみ拾いだけではなく、みんなで一緒にスポーツを楽しんだり、お祭りを行ったりしています。街のごみが人と人とをつないだのです。そう思うと、子どもたちが拾っていたのは、ごみではなくて、宝物だったのかもしれませんね。

---

(43)　「子どもたちが拾っていたのは、ごみではなくて、宝物だったのかもしれません」とありますが、なぜですか。
　　1　子どもたちにとってはごみでも、他の人にとっては大切なものですから。
　　2　ごみを集めてうれば、お金になりますから。
　　3　ごみ拾いの活動で、街の人と仲良くなれましたから。
　　4　子どもたちにとっていい思い出になりましたから。

(44)　文章の内容と合っているのは、どれですか。
　　1　子どもたちがごみを拾うのを見て、街の人がごみを捨てなくなりました。
　　2　ちいきの人みんなで道を歩く活動を始めました。
　　3　街のごみがなくなったので、今はごみ拾いの活動をしていません。
　　4　小学生たちは、「街をきれいにしよう」と言いながら街を歩きました。

問題　9

次の文章を読んで、問題に答えてください。
答えは1・2・3・4の中から一番いいものを1つ選んでください。

　「キャッシュレス決済」という言葉を聞いたことがありますか。「キャッシュレス決済」とは、現金を使わずにクレジットカードや電子マネーで支払いをすることです。では、その長所と短所は、何でしょうか。長所としては、まず、支払いにかかる時間がみじかくなることが挙げられます。レジでお金を出したり、おつりを受け取ったりする時間がなくなるからです。もちろん店側も現金を管理する手間がなくなり、仕事がかんたんになります。また、外国人観光客にとっても、両替をしなくてもいいので、とても便利になります。さらにポイントが貯まるなど、現金を使うよりお得になることが多いのです。しかし、短所もあります。最初に、支払いに関する情報を登録しなければなりません。これを嫌がる人が多くいます。なぜなら、情報を盗んで、勝手にお金を使おうとする犯罪もないとは言えないからです。また、スマートフォンなどの操作に慣れていない人、例えばお年寄りにとっては、とても難しいでしょう。このように言われると、現金でいいと思うかもしれません。しかし、今後、せかい中でますますキャッシュレス化が進んでいきます。それは、日本も同じです。慣れてしまえば、こんなに便利でお得なことはありません。長所と短所をしっかりと理解した上で、今のうちから少しでも使えるようになっておくことをおすすめします。

---

(45)　この文章を書いた人は、「キャッシュレス決済」の短所は、何だと言っていますか。

1　クレジットカードより使い方が難しいことです。
2　お年寄りがキャッシュレスで支払うことです。
3　現金を使う人が少なくなることです。
4　情報が盗まれて、お金を勝手に使われるかもしれないことです。

(46)　文章の内容と合っているのは、どれですか。

1　スマートフォンを使っていない人は、「キャッシュレス決済」ができません。
2　日本は、外国人観光客のためにキャッシュレス化を進めています。
3　日本は、他の国よりキャッシュレス化が遅れています。
4　「キャッシュレス決済」は、気をつけなければならないこともありますが、使えたほうがいいです。

3 漢字問題

A 次のひらがなの漢字をそれぞれ1・2・3・4の中から1つ選んでください。

(47) 私のあねは、アメリカにいます。
   1 弟　　　　　2 姉　　　　　3 妹　　　　　4 兄

(48) カメラを2台もっています。
   1 持って　　　2 歌って　　　3 待って　　　4 売って

(49) ちずを見ましょう。
   1 洋服　　　　2 地図　　　　3 世界　　　　4 音楽

(50) このパソコンは、ふるいです。
   1 安い　　　　2 古い　　　　3 青い　　　　4 重い

(51) これは、おもしろいけいかくですね。
   1 旅館　　　　2 運転　　　　3 茶色　　　　4 計画

(52) 力がつよいですね。
   1 強い　　　　2 短い　　　　3 暗い　　　　4 悪い

(53) きれいなとりがいます。
   1 光　　　　　2 鳥　　　　　3 英　　　　　4 民

(54) パスポートがひつようです。
   1 必要　　　　2 信頼　　　　3 開始　　　　4 簡単

(55) 彼にちゃんとつたえてください。
   1 交えて　　　2 備えて　　　3 伝えて　　　4 与えて

(56) 花のたねを買いました。
   1 才　　　　　2 酒　　　　　3 種　　　　　4 絵

B　次の漢字の読み方を例のようにひらがなで書いてください。

- ・ひらがなは、ただしく、ていねいに書いてください。
- ・漢字の読み方だけ書いてください。

（例）　はやく書いてください。　　　（例）｜　　　　か

(57)　銀行へ行きます。

(58)　夏は、好きじゃありません。

(59)　大きい犬がいます。

(60)　お昼になりました。

(61)　ここから駅は、近いですか。

(62)　リムさんは、医者です。

(63)　野菜がきらいです。

(64)　よく洗ってください。

(65)　今夜は、何も予定がありません。

(66)　きれいに消してください。

4 記述問題

A 例のように_____に合う言葉を入れて文をつくってください。

・文字は、ただしく、ていねいに書いてください。
・漢字で書くときは、今の日本の漢字をただしく、ていねいに書いてください。

（例） きのう、_____でパンを_____。
　　　　　　　　　　（A）　　　　　　　　　　（B）

（例）	(A)	スーパー	(B)	買いました

---

(67)
　A：私は、_____がすきましたから、何か_____たいです。
　　　　　　　　（A）　　　　　　　　　　　　　　　（B）

　B：じゃ、食堂へ行きましょう。

(68) （会社で）
　A：いつも_____で会社へ来ますか。
　　　　　　　　（A）

　B：じてんしゃです。電車は、人が_____ですから、乗りません。
　　　　　　　　　　　　　　　　　（B）

(69)
　「禁煙」は、_____を吸うなという_____です。
　　　　　　　　（A）　　　　　　　　　　（B）

(70)
　A：体の調子が_____そうですね。どうしたんですか。
　　　　　　　　　（A）

　B：昨日、おさけを飲み_____んです。
　　　　　　　　　　　　　（B）

B　例のように３つの言葉を全部使って、会話や文章に合う文をつくってください。

・【　　】の中の文だけ書いてください。
・1.→2.→3.の順に言葉を使ってください。
・言葉の　　の部分は、形を変えてもいいです。
・文字は、ただしく、ていねいに書いてください。
・漢字で書くときは、今の日本の漢字をただしく、ていねいに書いてください。

（例）

きのう、【　1.どこ　→　2.パン　→　3.買う　】か。

（例）	どこでパンを買いました

(71)

この【　1.みかん　→　2.あまり　→　3.おいしい　】です。

(72)

私の趣味は、【　1.ひとり　→　2.山　→　3.登る　】です。

(73)　（会社で）

A：この資料、ありがとう。【　1.だれ　→　2.作る　→　3.くれる　】の？

B：あ、私がやりました。

(74)　（会社で）

森：ジャンさんは、今日も休みですね。何か知っていますか。

イー：先週から【　1.お父さん　→　2.けが　→　3.入院する　】らしいですよ。

──── このページには問題はありません。────

J.TEST
実用日本語検定

　聴　解　試　験　
（ちょう　かい　し　けん）

1 写真問題 (問題1〜6)

例題

| れい | ● ② ③ ④ | （答えは解答用紙にマークしてください） |

A 問題1

- 140 -

B 問題2

C 問題3

D　問題4

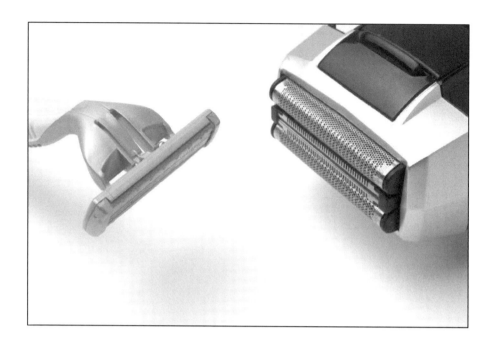

E　問題5

F 問題6

2 聴読解問題 (問題7〜12)

例題

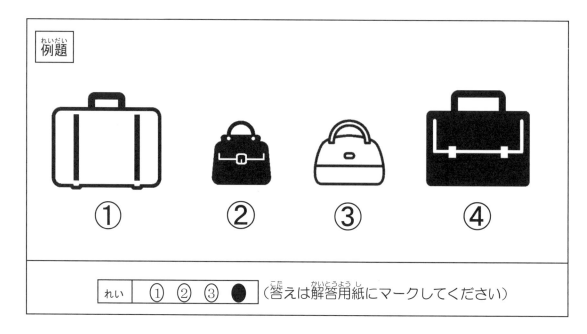

れい ① ② ③ ● (答えは解答用紙にマークしてください)

G　問題7

H 　問題8

I 　問題9

		部屋	食事
①	Aプラン	和室	あり
②	Bプラン	和室	なし
③	Cプラン	ようしつ	あり
④	Dプラン	ようしつ	なし

日	月	火	水	木	金	土
4	5	6	7	8 ①	9 ②	10 ③
11	12 ④	13	14	15	16	17

① ホテル

② まくら

③ ペアグラス

④ 商品券

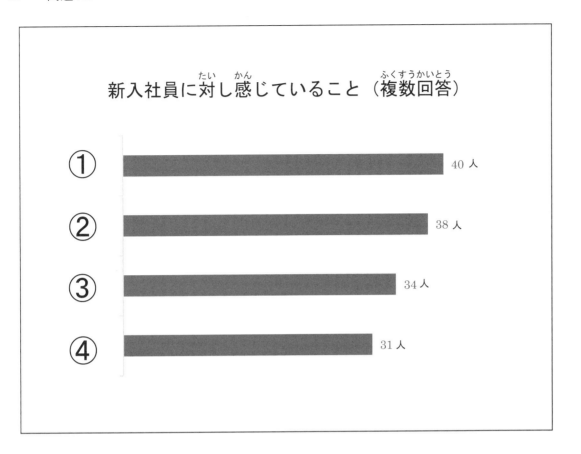

新入社員に対し感じていること（複数回答）

① 40人
② 38人
③ 34人
④ 31人

3 応答問題 (問題13〜28)

(問題だけ聞いて答えてください。)

例題1	→	れい1	● ② ③
例題2	→	れい2	① ● ③

(答えは解答用紙にマークしてください)

問題13

問題14

問題15

問題16

問題17

問題18

問題19

問題20

問題21

メモ (MEMO)

問題22

問題23

問題24

問題25

問題26

問題27

問題28

4 会話・説明問題 (問題29〜38)

<table>
<tr><td>例題</td><td>1 耳が痛いですから
2 頭が痛いですから
3 歯が痛いですから</td></tr>
</table>

| れい | ① ● ③ | （答えは解答用紙にマークしてください） |

1

問題29　1　スーパーです。
　　　　　2　会社です。
　　　　　3　学校です。

問題30　1　1本
　　　　　2　2本
　　　　　3　3本

2

問題31　1　日本語がうまくなったことです。
　　　　　2　国へ帰ることです。
　　　　　3　病気で会社を辞めることです。

問題32　1　病院へ行きます。
　　　　　2　総務部へ行きます。
　　　　　3　総務部に電話をします。

③

問題33　1　12時頃です。

　　　　　2　1時半頃です。

　　　　　3　4時頃です。

問題34　1　2人です。

　　　　　2　3人です。

　　　　　3　4人です。

④

問題35　1　家を出るのが遅くなりましたから。

　　　　　2　道に迷っていた人に道案内をしましたから。

　　　　　3　具合がわるい人のせわをしましたから。

問題36　1　親切な人です。

　　　　　2　わがままな人です。

　　　　　3　おとなしい人です。

⑤

問題37　1　ヨガのクラスに参加します。

　　　　　2　写真を撮りに行きます。

　　　　　3　申込用紙に記入します。

問題38　1　女性は男性より会費がやすいです。

　　　　　2　会員登録をした翌日からジムが利用できます。

　　　　　3　会費の他に登録料がひつようです。

おわり

実用日本語検定

TEST OF PRACTICAL JAPANESE

J.TEST

受験番号		氏　名	

注　意

1　試験が始まるまで、この問題用紙を開けないでください。

2　この問題用紙は、全部で３４ページあります。

日本語検定協会／J.TEST事務局

J.TEST

実用日本語検定

読 解 試 験

<table>
<tr><td>1</td><td>文法・語彙問題</td><td>問題</td><td>（1）〜（30）</td></tr>
<tr><td>2</td><td>読解問題</td><td>問題</td><td>（31）〜（46）</td></tr>
<tr><td>3</td><td>漢字問題</td><td>問題</td><td>（47）〜（66）</td></tr>
<tr><td>4</td><td>記述問題</td><td>問題</td><td>（67）〜（74）</td></tr>
</table>

1 文法・語彙問題

A 次の文の（　　　）に1・2・3・4の中から一番いい言葉を入れてください。

（1）　このかばんは、誕生日に父（　　　）買ってくれました。
　　　　1　に　　　　　　2　を　　　　　　3　と　　　　　4　が

（2）　私の会社は、田中さんの会社（　　　）大きくないです。
　　　　1　こそ　　　　　2　でも　　　　　3　ほど　　　　4　さえ

（3）　チャンさんは、先月、日本に（　　　）ばかりです。
　　　　1　来い　　　　　2　来た　　　　　3　来る　　　　4　来て

（4）　この問題は、（　　　）すぎます。
　　　　1　難し　　　　　2　難しい　　　　3　難しく　　　4　難しくて

（5）　A：「あー、頭が痛い」
　　　　B：「この薬を（　　　）、すぐによくなるよ」
　　　　1　飲むので　　　2　飲まないと　　3　飲んじゃ　　4　飲めば

（6）　会社から帰る途中、雨（　　　）降られました。
　　　　1　と　　　　　　2　が　　　　　　3　に　　　　　4　は

（7）　荷物が（　　　）、あの棚に置いてください。
　　　　1　じゃまで　　　2　じゃまなら　　3　じゃまなのに　　4　じゃまに

（8）　この曲を（　　　）たびに、昔のことを思い出します。
　　　　1　聞き　　　　　2　聞く　　　　　3　聞いて　　　4　聞いた

（9）　これからは、先輩（　　　）、新入社員にいろいろ教えてあげようと思っています。
　　　　1　に対して　　　2　にしたら　　　3　として　　　4　にとって

（10）　A：「彼女は留学の経験があるようですね」
　　　　B：「そうなんですか。それで、英語が（　　　）」
　　　　1　話せるわけですね　　　　　　　　2　話せるわけがありませんね
　　　　3　話しようがありませんね　　　　　4　話せるおかげですね

B　次の文の（　　　）に１・２・３・４の中から一番いい言葉を入れてください。

(11)　友だちと旅行を（　　　）しています。
　　　1　計画　　　　　2　教育　　　　　3　けんか　　　　4　反対

(12)　A：「（　　　）は、どこですか」
　　　B：「引き出しの中にありませんか」
　　　1　ユーモア　　　2　ロビー　　　　3　セロテープ　　4　ルール

(13)　（　　　）遅い時間まで仕事をしていますね。
　　　1　とうとう　　　2　やっと　　　　3　もうすぐ　　　4　ずいぶん

(14)　できるだけ（　　　）コピーをしないようにしてください。
　　　1　盛んな　　　　2　新鮮な　　　　3　熱心な　　　　4　無駄な

(15)　ガラスのコップが（　　　）。
　　　1　割れました　　2　包みました　　3　折れました　　4　守りました

(16)　この肉は、少し（　　　）ですね。
　　　1　固い　　　　　2　怖い　　　　　3　寂しい　　　　4　恥ずかしい

(17)　パンにバターを（　　　）食べます。
　　　1　叱って　　　　2　塗って　　　　3　壊して　　　　4　拾って

(18)　こんなにおいしい料理は、（　　　）食べられませんよ。
　　　1　めったに　　　2　まれに　　　　3　ぜひとも　　　4　ざっと

(19)　その仕事が終わったら、声を（　　　）ください。
　　　1　とって　　　　2　つけて　　　　3　たてて　　　　4　かけて

(20)　彼は、（　　　）の利益にとらわれて、あとのことなど全く考えていません。
　　　1　手先　　　　　2　目先　　　　　3　鼻先　　　　　4　足先

C　次の文の＿＿＿＿＿の意味に一番ちかいものを１・２・３・４の中から選んでください。

(21)　すてきなおくりものですね。
　　　1　関係　　　　　　2　鏡　　　　　　3　プレゼント　　4　景色

(22)　会議の資料は、ほとんどできました。
　　　1　だいたい　　　2　少し　　　　　3　全部　　　　　4　半分

(23)　こちら、私のしゅじんです。
　　　1　息子　　　　　2　夫　　　　　　3　恋人　　　　　4　祖父

(24)　先週、友人を訪ねました。
　　　1　の家へ行きました　　　　　　2　に手紙を書きました
　　　3　に電話しました　　　　　　　4　が家に来ました

(25)　ミシェルさんは、中国語がとくいです。
　　　1　が下手です　　　　　　　　　2　が上手です
　　　3　がわかりません　　　　　　　4　が少しできます

(26)　このシャツは、乾きやすいです。
　　　1　なかなか乾きません　　　　　2　乾くのが遅いです
　　　3　全然乾きません　　　　　　　4　乾くのが速いです

(27)　早くしたくしてください。
　　　1　修理して　　　2　説明して　　　3　用意して　　　4　登録して

(28)　この小説は、一日で読みきりました。
　　　1　読み終わりました　　　　　　2　読もうと思いました
　　　3　読めそうでした　　　　　　　4　読めるはずでした

(29)　会社の近くにランチのおいしい店があります。
　　　1　洋食　　　　　2　ワイン　　　　3　デザート　　　4　昼食

(30)　グエンさんは、おしゃれな人です。
　　　1　そそっかしい　　　　　　　　2　年を取っている
　　　3　ふくのセンスがいい　　　　　4　やせている

── このページには問題はありません。──

2 読解問題

問題　1

次のメールを読んで、問題に答えてください。
答えは1・2・3・4の中から一番いいものを1つ選んでください。

これは、山下さんとポールさんのメールです。

＜山下さんが書いたメール＞

> ポールさん、こんばんは。
> 明日の約束ですが、7時でいいですか。
> そのまえにちょっと用事があるので。

＜ポールさんが書いたメール＞

> ええ、いいですよ。
> 明日は、駅で会いますか。
> 7時ごろは、人が多いですけど。

> じゃ、レストランにしましょう。
> 先月、清水さんと3人で行った店です。
> これから、予約しますね。

> わかりました。
> 明日、清水さんも来ますか。

> いいえ、来られません。

> そうですか。残念ですね。
> じゃ、また明日。

(31)　山下さんは、このあと、何をしますか。
　　　1　清水さんに連絡します。
　　　2　駅へ行きます。
　　　3　店を予約します。
　　　4　ポールさんと食事します。

(32)　ポールさんについて、メールの内容と合っているのは、どれですか。
　　　1　明日、山下さんと２人で会います。
　　　2　明日行く店は、初めて行きます。
　　　3　明日、６時に用事があります。
　　　4　明日、山下さんと駅で会います。

問題　2

次の文章を読んで、問題に答えてください。
答えは１・２・３・４の中から一番いいものを１つ選んでください。

　今日は、朝、くもっていましたが、午後から晴れました。私は、急いで洗濯をして、掃除をして、それから、ペットのいぬのチビと散歩に行きました。途中で、いぬと一緒に入れる喫茶店に寄って、コーヒーを飲みました。初めて行きましたが、すてきなお店だったので、またチビと一緒に行きたいです。次は、本を持って行こうと思います。夜は、音楽を聞きながら、ゆっくりお風呂に入りました。

（33）　「私」について、文章の内容と合っているのは、どれですか。

1　天気が悪かったので、家の中でペットと遊びました。
2　部屋の掃除はしましたが、洗濯はしませんでした。
3　音楽を聞きながら、散歩するのが好きです。
4　今日行った店が気に入りました。

問題　3

次の文章を読んで、問題に答えてください。
答えは1・2・3・4の中から一番いいものを1つ選んでください。

　私の隣のせきの橋本さんがもうすぐ会社を辞めます。私は、この会社に入ってからずっと、橋本さんにおせわになってきました。橋本さんは、わからないことがあるとき、失敗したとき、いつも手伝ってくれました。私がびょうきでにゅういんしたときも、残業して、代わりに私の仕事をしてくれました。来月、橋本さんは、アメリカに行きます。アメリカの大学でもう一度べんきょうするそうです。そのために、3年間、この会社で働いて、お金を貯めていたそうです。本当にすごいなあと思います。私も、橋本さんに負けないように、頑張ろうと思います。

---

(34)　橋本さんは、どうして会社を辞めますか。
　　1　留学しますから。
　　2　仕事で失敗しましたから。
　　3　新しい仕事を始めますから。
　　4　びょうきになりましたから。

問題　4

次の文章を読んで、問題に答えてください。
答えは１・２・３・４の中から一番いいものを１つ選んでください。

４人に「夏休みにしたこと」について聞きました。

Aさん	Bさん
ずっと家で寝ていました。本当は、外国に旅行に行く予定があったのですが、ひどい風邪をひいて、行けませんでした。ホテル代も飛行機代も、戻ってきませんでした。	毎年、かぞくで沖縄に行っています。子どもたちは、うみで遊ぶことが大好きなんです。お金はかかりますが、かぞくで思い出をつくることは、大切なことだと思っています。今年も楽しい思い出がつくれました。
Cさん	Dさん
両親の家へ帰りました。夏は、家の仕事がいちばん忙しいので、ずっと手伝いをしていました。ですから、全然休めませんでした。高校のときの友だちにも会えなくて、悲しかったです。	遠いところには行かないで、友だちと家の近くで遊びました。夏休みは、みんな旅行で遠くに行きますから、町は、いつもより静かでした。いつも混んでいるところでも、ゆっくり楽しめました。

---

(35)　夏休みにしたことについて、残念に思っている人は、だれですか。

1　AさんとBさんです。
2　AさんとCさんです。
3　BさんとCさんです。
4　CさんとDさんです。

(36)　文章の内容と合っているのは、どれですか。

1　Aさんは、夏休みが取れませんでした。
2　Bさんは、今年も去年と同じところへ遊びに行きました。
3　Cさんは、家の近くでアルバイトをしました。
4　Dさんは、遠いところへは行かず、家でゆっくりしました。

問題　5

次のお知らせを読んで、問題に答えてください。
答えは１・２・３・４の中から一番いいものを１つ選んでください。

電気工事のお知らせ

10月１日（金）社内ビル３階・会議室の電気工事を行います。

工事中（13時〜14時半）、３階は、電気が使えません。

この時間、ビルのエレベーターが止まりますので、ご注意ください。

ご協力、よろしくお願いいたします。

<会議室利用についての注意>

・Ａ会議室（25人まで）・・・一日、使えません。

・Ｂ会議室（９人まで）・・・12時から15時まで使えません。

※　10人以上で会議を行う場合は、４階の大会議室を利用できますが、その場合は、
　　前の日までに管理部・五十嵐までお知らせください。

★　10月８日（金）は、４階・大会議室の電気工事を行う予定です。

---

(37)　10月１日に15人で会議をしたいとき、どうすればいいですか。
　　1　午前中にＡ会議室を使います。
　　2　電気工事のあとで、Ａ会議室を使います。
　　3　15時からＢ会議室を使います。
　　4　五十嵐さんに連絡して、４階の会議室を使います。

(38)　お知らせの内容と合っているのは、どれですか。
　　1　電気工事中は、ビル全部の電気が使えなくなります。
　　2　電気工事の日、朝からエレベーターが利用できません。
　　3　電気工事は、２時間以内に終わる予定です。
　　4　４階の電気工事は、別の日に行われました。

問題　6

次のメールを読んで、問題に答えてください。
答えは１・２・３・４の中から一番いいものを１つ選んでください。

＜マリアさんから吉田さんへ送ったメール＞

> 吉田さん
> お疲れ様です。
> 今、はなまるデパートの北村さんからお電話がありました。
> 新製品のカタログを送ってほしいそうです。
> 他にも聞きたいことがあるそうですが、お電話できますか。
> マリア

＜吉田さんからマリアさんへ送ったメール＞

> マリアさん
> お疲れ様です。
> ちょうど飛行機にのるところなので、北海道に着いたら、
> 北村さんに電話します。11時頃になると思います。
> 北村さんにそのように連絡していただけますか。
> 吉田

> 吉田さん
> わかりました。
> 今日は、北海道出張でしたね。
> 気を付けて行ってきてください。
> マリア

---

(39) 吉田さんは、今、どこにいますか。

    1   北海道です。

    2   はなまるデパートです。

    3   会社です。

    4   空港です。

(40) マリアさんは、これから、何をしますか。

    1   はなまるデパートで北村さんに会います。

    2   北村さんにカタログを送ります。

    3   北村さんに電話をします。

    4   吉田さんと出張に行きます。

問題　7

次のお知らせを読んで、問題に答えてください。
答えは１・２・３・４の中から一番いいものを１つ選んでください。

☆秋の料理教室☆

＊コースは全部で４種類！あなたに合ったコースをお選びください。

コース名	レッスン日時・回数	料金	レッスン内容
Aコース	毎週水曜日 午前 10：00〜 全3回	11,400 円	料理が初めての方に、 基本からお教えします。
Bコース	毎週土曜日 午後 2：00〜 全6回	22,800 円	
Cコース	毎週日曜日 午前 10：00〜 全6回	28,000 円	20分で晩ご飯をつくろう！ 忙しい方におすすめです。
Dコース	毎週日曜日 午後 2：00〜 全6回	32,000 円	体にいいメニューのつくり方を お教えします。

※初めて入会される方は、入会金 3,000 円が必要です。

※学生の方は、5,000 円引きとなります。申込時に学生証をお持ちください。

わくわくクッキングスタジオ

〒123-45ＸＸ　東京都▲▲市南町Ｘ-Ｘ-Ｘ

TEL：03－1234－56ＸＸ

http://www.wakuwaku-cookingXX.co.jp/

(41) ラムさんは、料理をしたことがなく、週末しか時間がありません。
どのコースがいいですか。
1 Aコースです。
2 Bコースです。
3 Cコースです。
4 Dコースです。

(42) 大学生の三浦さんは、健康的な料理のつくり方をならいたいと思っています。
この料理教室の会員ではありません。いくら払いますか。
1 28,000円です。
2 30,000円です。
3 32,000円です。
4 35,000円です。

問題　8

次の文章を読んで、問題に答えてください。
答えは1・2・3・4の中から一番いいものを1つ選んでください。

　　生活スタイルの変化とともに、より便利になってきたコンビニですが、最近では、店の中に「宅配便ロッカー」を置き、荷物の受け取りができる店もあるようです。24時間、時間を気にせず、買い物やいろいろなサービスが受けられるのがコンビニの魅力ですが、この「24時間営業」が今、問題となっています。まず、働く人が不足しているという問題です。以前は若い人に人気のあった深夜のアルバイトですが、現在はそうではありません。深夜に働くことによる健康の心配や「コンビニ強盗」など安全面に不安があるという人が増えているのです。また、ここ数年、深夜に利用する客が減ってきていることもあり、コンビニを経営するオーナーからは、「24時間営業」を止めたいという声が上がっています。しかし、「24時間営業」を止めると、昼間のうり上げも下がることがわかっています。また、コンビニ本部との契約の問題もありますから、実際に「24時間営業」を止めることはかんたんなことではないでしょう。時代の変化とともに便利さを増したコンビニですが、今後は、どのように変わっていくのでしょうか。

---

(43)　筆者は、コンビニの「24時間営業」についてどう思っていますか。
　　1　便利なので、これからも続けてほしいと思っています。
　　2　「24時間営業」を止めるコンビニが増えて、不便になったと思っています。
　　3　働く人にとって心配なことが多いので、止めたほうがいいと思っています。
　　4　問題があったとしても、すぐになくなることはないだろうと思っています。

(44)　文章の内容と合っているのは、どれですか。
　　1　最近は、コンビニに夜遅い時間に買い物に来る客が少なくなっています。
　　2　今も昔もコンビニの深夜のアルバイトは人気があります。
　　3　コンビニに「宅配便ロッカー」のサービスができて、宅配の会社はうり上げが減りました。
　　4　昼間の「コンビニ強盗」が増えています。

問題　9

次の文章を読んで、問題に答えてください。
答えは１・２・３・４の中から一番いいものを１つ選んでください。

　母は、私にいろいろなことを教えてくれました。その中で一番大切なことは、「どうやったら毎日を楽しく、幸せに過ごせるか」ということです。母は、「嫌なこと」を「いいこと」に変える天才でした。例えば、喫茶店へ行ったときのことです。私はサンドイッチを注文しましたが、店員は間違えてサラダを運んできました。私はちょっとイライラして、すぐに「違いますよ」と言おうとしましたが、母はニコニコしながら、「野菜がたくさん食べられて、体にいいね」と言いました。私は、「そうかもしれないなあ」と思って、サラダをおいしく食べたのでした。また、母と散歩しているとき、きゅうに大雨が降り出したことがありました。私達は傘を持っていなかったので、頭から足まで濡れました。まるで、ふくを着たまま泳いだあとのようになってしまいました。私が「もう、最悪」と言うと、母は、「こんなに雨に濡れるのなんて、子どものとき以来よ。子どもに戻った気分」と喜んでいたのです。毎日の生活の中で、嫌なことや悲しいことは、たくさん起こります。でも、自分の考え方によっては、それらを楽しいことやうれしいことに変えることができるのです。母は、数年前に亡くなり、それから私にも２人の子どもが生まれました。私は、<u>母から教えてもらったこと</u>を子どもたちにもしっかりと伝えていきたいと思っています。

---

(45)　「私」のお母さんは、どんな人ですか。
　　　1　毎日を楽しく過ごす方法を知っている人です。
　　　2　嫌なことをすぐ忘れられる人です。
　　　3　周りの人をよく笑わせる人です。
　　　4　「私」の意見にいつも賛成してくれる人です。

(46)　「私」が「<u>母から教えてもらったこと</u>」は、どんなことですか。
　　　1　嫌なことがあっても、がまんすることです。
　　　2　間違ったときにちゃんと謝ることです。
　　　3　いつでも楽しい気持ちになるような考え方をすることです。
　　　4　子どもを大切に育てることです。

3 漢字問題

A 次のひらがなの漢字をそれぞれ１・２・３・４の中から１つ選んでください。

(47) 日本のうたを知っています。

1 海　　　　　2 犬　　　　　3 銀　　　　　4 歌

(48) もっとひろい家に住みたいです。

1 太い　　　　2 広い　　　　3 短い　　　　4 低い

(49) バスにのって行きましょう。

1 乗って　　　2 習って　　　3 待って　　　4 回って

(50) 私は、あにがひとりいます。

1 姉　　　　　2 妹　　　　　3 兄　　　　　4 弟

(51) 箱をつくってください。

1 作って　　　2 切って　　　3 売って　　　4 通って

(52) あかいスカートが欲しいです。

1 寒い　　　　2 青い　　　　3 赤い　　　　4 黒い

(53) せかいには、いろいろな人がいます。

1 病院　　　　2 世界　　　　3 特急　　　　4 家族

(54) 私は、彼をしんらいしています。

1 簡単　　　　2 発表　　　　3 石油　　　　4 信頼

(55) この辞書は、あついです。

1 苦い　　　　2 厚い　　　　3 汚い　　　　4 眠い

(56) おさらは、どこですか。

1 皿　　　　　2 席　　　　　3 位　　　　　4 袋

B 次の漢字の読み方を例のようにひらがなで書いてください。

- ひらがなは、ただしく、ていねいに書いてください。
- 漢字の読み方だけ書いてください。

（例） はやく書いてください。 ⌐ | （例） | か |

---

(57) 母は、台所にいます。

(58) ちょっと音が大きいですよ。

(59) 一緒に勉強しましょう。

(60) 動物が好きです。

(61) 都合が悪くなりました。

(62) きれいな色ですね。

(63) 新しい服を買いました。

(64) ネクタイを外します。

(65) スピーチの時間を計りました。

(66) 生乳は、ありますか。

4 記述問題

A 例のように_____に合う言葉を入れて文をつくってください。

・文字は、**ただしく、ていねいに**書いてください。
・漢字で書くときは、**今の日本の漢字**を**ただしく、ていねいに**書いてください。

（例）　きのう、＿＿＿＿＿＿＿＿でパンを＿＿＿＿＿＿＿＿。
　　　　　　　　　　（A）　　　　　　　　　　　（B）

（例）	(A)	スーパー	(B)	買いました

---

(67)
休みの日は、映画を＿＿＿＿＿＿＿り、＿＿＿＿＿＿＿を読んだりしています。
　　　　　　　　　　　　　（A）　　　　　　　　（B）

(68)
A：あのくろい＿＿＿＿＿＿＿をかぶっている人は、だれですか。
　　　　　　　　　　（A）
B：うーん、私も＿＿＿＿＿＿＿ません。
　　　　　　　　　　（B）

(69)
A：明日、天気が＿＿＿＿＿＿＿ら、うみに行きませんか。
　　　　　　　　　　（A）
B：すみません。明日は、用事が＿＿＿＿＿＿＿です。
　　　　　　　　　　　　　　　（B）

(70)　（レストランで)
鈴木：さあ、注文しましょう。
　　　池田さん、何か＿＿＿＿＿＿＿ものは、ありますか。生の魚とか。
　　　　　　　　　　　　（A）
池田：いいえ。子どものころ、母に何でも＿＿＿＿＿＿＿ましたから。
　　　　　　　　　　　　　　　　　　　　（B）

B　例のように３つの言葉を全部使って、会話や文章に合う文をつくってください。

・【　　　】の中の文だけ書いてください。
・1.→2.→3.の順に言葉を使ってください。
・言葉の＿＿＿の部分は、形を変えてもいいです。
・文字は、ただしく、ていねいに書いてください。
・漢字で書くときは、今の日本の漢字をただしく、ていねいに書いてください。

（例）

きのう、【　1．どこ　→　2．パン　→　3．買う　】か。

（例）	どこでパンを買いました

---

(71)（ビルの屋上で）

A：危ないですから、【　1．ここ　→　2．写真　→　3．とる　】ください。

B：あ、すみません。

(72)

木村：リンさんと山田さんは、どちらが背が高いですか。

リン：【　1．私　→　2．山田さん　→　3．ほう　】背が高いです。

(73)

A：これは、何ですか。

B：やかんです。【　1．お湯　→　2．沸かす　→　3．使う　】んですよ。

(74)

パーティーのまえに【　1．足りる　→　2．もの　→　3．買う　】おきましょう。

───── このページには問題はありません。─────

J.TEST

実用日本語検定

聴 解 試 験

1 写真問題 (問題1～6)

| れい | ● ② ③ ④ | （答えは解答用紙にマークしてください） |

A　問題1

- 176 -

B 　問題2

C 　問題3

D 　問題4

E 　問題5

F 　<ruby>問題<rt>もんだい</rt></ruby>6

2 聴読解問題 (問題7〜12)

例題

① ② ③ ④

れい　① ② ③ ● （答えは解答用紙にマークしてください）

G　問題7

① クラシック音楽のCD

② 花

③ アクセサリー

④ コンサートのチケット

H 　問題8

I 　問題9

J　問題10

	月	火	水	木	金
	2	3	4	5	6
AM				①	
PM				②	③
	9	10	11	12	13
AM	④				
PM					

K　問題11

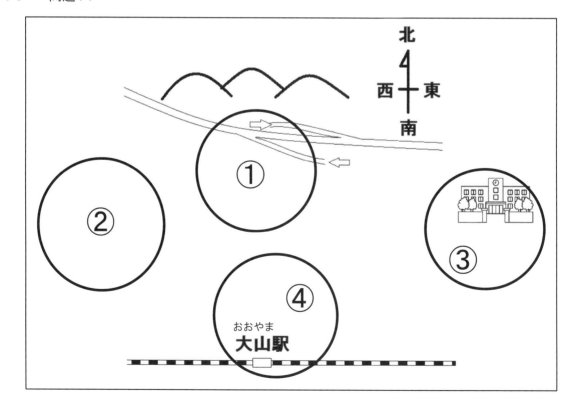

L　問題12

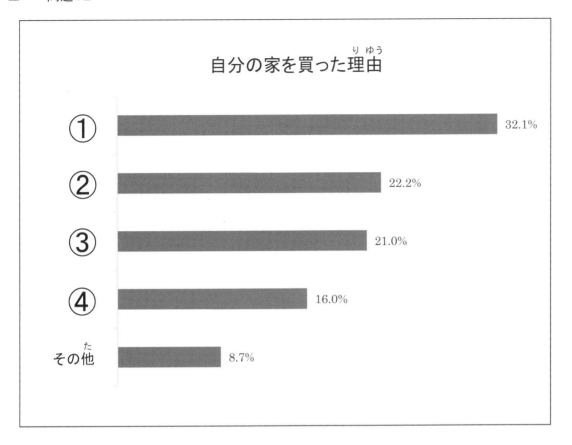

自分の家を買った理由

① 32.1%

② 22.2%

③ 21.0%

④ 16.0%

その他 8.7%

3 応答問題 (問題13〜28)

(問題だけ聞いて答えてください。)

例題1	→	れい1	● ② ③
例題2	→	れい2	① ● ③

(答えは解答用紙にマークしてください)

問題13

問題14

問題15

問題16

問題17

問題18

問題19

問題20

問題21

メモ (MEMO)

問題22

問題23

問題24

問題25

問題26

問題27

問題28

4 会話・説明問題 (問題29〜38)

<table>
<tr><td>例題</td><td>1 耳が痛いですから
2 頭が痛いですから
3 歯が痛いですから</td></tr>
</table>

| れい | ① ● ③ | （答えは解答用紙にマークしてください） |

問題29　1　食堂です。
　　　　2　コンビニです。
　　　　3　会社です。

問題30　1　毎日お弁当を持って来ています。
　　　　2　これからコーヒーを買いに行きます。
　　　　3　今、ダイエット中です。

問題31　1　会社の受付です。
　　　　2　デパートのうり場です。
　　　　3　大学の講堂です。

問題32　1　いすに座ります。
　　　　2　道下さんと会います。
　　　　3　出口に向かいます。

3

問題33　1　温かい部屋で育てます。
　　　　2　土を乾かします。
　　　　3　花を全部取ります。

問題34　1　一度花が咲いたら、もう咲きません。
　　　　2　水の量に注意が必要です。
　　　　3　外国で人気があります。

4

問題35　1　子どもがピアノ教室をやめたがっていることです。
　　　　2　子どもの教育にお金がかかることです。
　　　　3　子どもがべんきょうしないことです。

問題36　1　英語をならうことです。
　　　　2　水泳をならうことです。
　　　　3　サッカーをならうことです。

5

問題37　1　緊張しすぎることです。
　　　　2　髪型やふくそうがよくないことです。
　　　　3　話がおもしろくないことです。

問題38　1　床屋です。
　　　　2　レストランです。
　　　　3　ようふく屋です。

おわり

第6回　　　　　　　　　　　　　　　　　　　　（D−E）

実用日本語検定

TEST OF PRACTICAL JAPANESE

J.TEST

受験番号		氏　名	

注　意

1　試験が始まるまで、この問題用紙を開けないでください。

2　この問題用紙は、全部で３４ページあります。

日本語検定協会／J.TEST事務局

J.TEST

実用日本語検定

読解試験
どっかいしけん

1 文法・語彙問題

A 次の文の（　　　）に 1・2・3・4 の中から一番いい言葉を入れてください。

（1） ここから富士山（　　　）見えます。

    1 を   2 の   3 が   4 で

（2） 日本語が上手に話せる（　　　）、毎日練習しています。

    1 ために   2 によって   3 とか   4 ように

（3） 今にも火が（　　　）そうですよ。

    1 消えない   2 消え   3 消えた   4 消えて

（4） 新しい事務所は、ここより（　　　）かどうか、わかりません。

    1 広くて   2 広   3 広く   4 広い

（5） 今日、郵便局は（　　　）はずです。

    1 休みで   2 休み   3 休みだ   4 休みの

（6） A：「このレポートの翻訳、1時間くらいでできますか」

    B：「うーん。ちょっと量が多いので、2時間（　　　）かかりますね」

    1 で   2 は   3 が   4 も

（7） 会社に（　　　）、電話をください。

    1 戻ったら   2 戻れば   3 戻ったまま   4 戻ると

（8） 明日は、（　　　）に待った給料日です。

    1 待とう   2 待った   3 待ち   4 待つ

（9） 実験の結果（　　　）、資料を作ってください。

    1 としたら   2 のうちに   3 の割に   4 をもとに

（10） リサ：「上原さん、来ませんね」

    松本：「おかしいなあ。12時にここで（　　　）んですけど…」

    1 会うより仕方ない   2 会うことになっていた

    3 会うに違いない   4 会いようがない

B 次の文の（　　　）に1・2・3・4の中から一番いい言葉を入れてください。

(11)　昨日、こわい（　　　）を見ました。
　　　1　なみだ　　　　2　せわ　　　　　3　るす　　　　　4　ゆめ

(12)　エアコンをつけるときは、その（　　　）を押してください。
　　　1　サラダ　　　　2　スイッチ　　　3　アクセサリー　4　ペット

(13)　東京は、北海道より（　　　）人が多いです。
　　　1　たまに　　　　2　ずっと　　　　3　決して　　　　4　だいたい

(14)　A：「この高校は、やきゅうが（　　　）なんですね」
　　　B：「ええ、全国大会で優勝したことがあるんですよ」
　　　1　あんぜん　　　2　健康　　　　　3　盛ん　　　　　4　適当

(15)　飛行機の出発の時間に（　　　）でした。
　　　1　落ちません　　　　　　　　　　2　届きません
　　　3　差し上げません　　　　　　　　4　間に合いません

(16)　試合に負けて、（　　　）です。
　　　1　美しかった　　2　悲しかった　　3　優しかった　　4　すばらしかった

(17)　A：「この道、いつもより（　　　）いますね」
　　　B：「ええ。今日は、車が少ないですね」
　　　1　すいて　　　　2　混んで　　　　3　下がって　　　4　通って

(18)　この服、もう（　　　）だから、捨てよう。
　　　1　ころころ　　　2　がらがら　　　3　むかむか　　　4　ぼろぼろ

(19)　A：「来月のテストの（　　　）を教えてください」
　　　B：「この本の8ページから15ページまでです」
　　　1　わりあい　　　2　しめきり　　　3　しかく　　　　4　はんい

(20)　どうしてため息を（　　　）いるんですか。
　　　1　ついて　　　　2　かいて　　　　3　流して　　　　4　たまって

C 次の文の_____の意味に一番ちかいものを1・2・3・4の中から選んでください。

(21) ひとりで自転車を直しました。
　　　1　選びました　　　2　修理しました　3　はこびました　4　盗みました

(22) この問題は、ちっとも難しくないです。
　　　1　全然　　　　　　2　実は　　　　　3　もちろん　　　　4　そんなに

(23) 明日は、娘の誕生日です。
　　　1　母　　　　　　　2　夫　　　　　　3　兄　　　　　　　4　子ども

(24) 女の子が走り出しました。
　　　1　走っていました　　　　　　　　　2　走るのをやめました
　　　3　走り始めました　　　　　　　　　4　走ろうとしています

(25) 会議室のいすの数は、十分ですか。
　　　1　合っています　2　数えました　　3　足りています　4　少ないです

(26) 今日は、早く帰ってもかまいませんよ。
　　　1　帰ってもいいです　　　　　　　2　帰ってはいけません
　　　3　帰らなければなりません　　　　4　帰ったほうがいいです

(27) このお店、気に入りましたか。
　　　1　ここから近いです　　　　　　　2　安いです
　　　3　好きになりました　　　　　　　4　行ったことがあります

(28) 今、食事のさいちゅうです。
　　　1　食事するところ　　　　　　　　2　食事しているところ
　　　3　食事したばかり　　　　　　　　4　食事の準備中

(29) 新しい教科書をもらいました。
　　　1　かばん　　　　　2　テキスト　　3　名刺　　　　　　4　鏡

(30) 沢口さんは、本当にかしこい人ですね。
　　　1　優しい　　　　　2　しんせつな　3　不思議な　　　　4　頭がいい

── このページには問題はありません。──

2 読解問題

問題 1

次のメールを読んで、問題に答えてください。
答えは1・2・3・4の中から一番いいものを1つ選んでください。

___

＜太田さんが書いたメール＞

> すみません、私のつくえの引き出しに、あけぼの銀行の資料があります。写真を撮って、私に送ってくれませんか。

＜マルタさんが書いたメール＞

> わかりました。ちょっと待ってください。どの引き出しですか。

> 上から2番目です。

> うーん、ありませんよ。

> じゃ、いちばん下の引き出しを見てください。白い封筒がありませんか。

> 白い封筒は、つくえの上にありますよ。

> あ、すみません。それです。じゃ、お願いします。

(31) 資料は、太田さんのつくえのどこにありますか。

1 上から1番目の引き出しです。

2 上から2番目の引き出しです。

3 いちばん下の引き出しです。

4 つくえの上です。

(32) マルタさんは、このあと何をしますか。

1 資料の写真を撮ります。

2 資料を読みます。

3 資料を直します。

4 資料をあけぼの銀行に送ります。

問題　2

次の文章を読んで、問題に答えてください。
答えは１・２・３・４の中から一番いいものを１つ選んでください。

　この間、日本人の友だちと初めてすもうを見に行きました。私は、すもうのことをよく知りませんでしたが、友だちがルールを教えてくれましたから、楽しく見ることができました。私は、すもうが大好きになったので、すもうの本を買って、今、毎日読んでいます。来月、私の両親が日本に来ます。両親は、すもうを見たことがありませんから、連れて行こうと思っています。

---

(33)　「私」がしたいと言っていることは、何ですか。
1　すもうの練習です。
2　すもうの勉強です。
3　両親と一緒にすもうを見に行くことです。
4　両親にすもうの本をプレゼントすることです。

問題　3

次の文章を読んで、問題に答えてください。
答えは１・２・３・４の中から一番いいものを１つ選んでください。

　私は、会社でいつもおみやげをもらいます。会社の人は、出張のときやとおくに住むかぞくの家に帰ったとき、おみやげを買ってきてくれます。私は、いつももらってばかりだったので、なつ休みに国へ帰ったとき、会社のみんなにおみやげを買いました。日本にはない、珍しいものをあげようと思って、私の国の有名なお菓子にしました。昨日、会社に持って行って、みんなにおみやげを渡しました。みんなはとても喜んで、食べてくれました。でも、「わー、辛い」と言って、すぐに食べるのをやめてしまいました。みんなは、「おいしかったよ」と言ってくれましたが、私は少し残念な気持ちになりました。

---

(34)　「私は少し残念な気持ちになりました」とありますが、どうしてですか。
　　1　会社の人からおみやげをもらえませんでしたから。
　　2　会社の人が「私」が渡したお菓子を少ししか食べませんでしたから。
　　3　会社の人が「私」の国の有名なお菓子を知りませんでしたから。
　　4　おみやげにもらったお菓子が辛くて、食べられませんでしたから。

問題 4

次の文章を読んで、問題に答えてください。
答えは1・2・3・4の中から一番いいものを1つ選んでください。

4人に「子どものころ好きだったこと」について聞きました。

Aさん	Bさん
人形で遊ぶのが好きでした。妹や友だちと一緒にいつも遊んでいました。寝るときも、旅行へ行くときも、いつも人形と一緒でした。今もその人形は、大事に押し入れにしまってあります。	サッカーです。小学校1年生から始めて、6年生のときには、大きな大会で、日本一になりました。そのときに出た試合のことは今でもよく覚えています。でも、高校生のとき、けがをして、サッカーをやめてしまいました。
Cさん	Dさん
私は、漫画ばかり読んでいました。でも、母は漫画を買ってくれなかったので、友だちの家に行って、読んでいました。とくに、歴史の漫画が好きでした。今でも私の趣味は、漫画を読むことです。	釣りです。毎週土曜日か日曜日には、朝早く起きて、父と釣りに行っていました。10歳の誕生日に欲しかった釣りの道具を買ってもらって、うれしかったことを覚えています。最近では、息子を連れて、釣りに行っています。

---

(35) 今も子どものころ好きだったことをしているのは、だれですか。

1 AさんとBさんです。

2 AさんとDさんです。

3 BさんとCさんです。

4 CさんとDさんです。

(36) 文章の内容と合っているのは、どれですか。

1 Aさんは、子どものころ、1人で遊んでいました。

2 Bさんは、サッカーが得意な子どもでした。

3 Cさんは、歴史の漫画を読んだことがありません。

4 Dさんは、最近、息子にプレゼントをもらいました。

問題　5

次のお知らせを読んで、問題に答えてください。
答えは1・2・3・4の中から一番いいものを1つ選んでください。

忘年会のご案内

みなさん、今年も1年、お疲れ様でした。
今年も忘年会を開きます。会費はかかりませんので、全員出席でお願いいたします。どうしても都合が悪く、出席できないという方は、12月10日までに宮田にメール（miyata@xxx.com）でお知らせください。

日時：12月26日（日）13時〜

場所：レストラン・はまなす

* 忘年会のあとで、カラオケパーティーを予定しています。会費は3,000円です。
  参加したい人は、前日までに営業部の大森さんに連絡してください。

総務部　宮田

---

(37)　宮田さんに連絡しなければならないのは、どんな人ですか。
1　忘年会に遅れてくる人です。
2　忘年会の場所がわからない人です。
3　忘年会のお金をまだ払っていない人です。
4　忘年会に出られない人です。

(38)　お知らせの内容と合っているのは、どれですか。
1　去年は、忘年会がありませんでした。
2　忘年会は、ゆうがたから始まります。
3　カラオケパーティーは、行きたい人だけ行きます。
4　カラオケパーティーは、無料です。

問題　6

次のメールを読んで、問題に答えてください。
答えは１・２・３・４の中から一番いいものを１つ選んでください。

＜松田さんからアンジェラさんへ送ったメール＞

アンジェラさん

お疲れ様です。

12月１日にアメリカからお客様が来る予定です。

空港へのお迎えを一緒にお願いできますか。

午後３時に成田空港に到着予定です。

松田

＜アンジェラさんから松田さんへ送ったメール＞

松田さん

わかりました。１日は、午前中に会議がありますが、３時なら大丈夫です。お客様のお名前とメールアドレスを教えてもらえたら、私からごあいさつのメールをお送りしようと思いますが、いかがですか。

アンジェラ

アンジェラさん

１日、よろしくお願いします。それから、メールもありがとうございます。僕、英語が苦手なので。

お客様の情報は、部長に聞いて、今日中にご連絡しますね。

松田

(39) このメールのあと、松田さんは、まず何をしますか。

1 成田空港へ行きます。
2 会議の予定をべつの日に変えます。
3 お客様にメールを送ります。
4 部長にお客様の名前とメールアドレスを確認します。

(40) アンジェラさんについて、メールの内容と合っているのは、どれですか。

1 12月にアメリカに出張します。
2 空港へお客様を迎えに行くことになりました。
3 アメリカのお客様から連絡をもらいました。
4 お客様と一緒に会議に出席する予定です。

問題　7

次のお知らせを読んで、問題に答えてください。
答えは１・２・３・４の中から一番いいものを１つ選んでください。

＜みなみ市　イベント案内＞　　2021 年

①　映画会・ニースの恋人

ふゆの景色が楽しめるフランス映画を見に来ませんか。

＜日時＞12 月 11 日（土）・18 日（土）
　　　　　午後 2 時～4 時
＜費用＞300 円
＜場所＞市民センター　小ホール
＜対象＞18 歳以上の方

②　おさんぽ　古い建物めぐり

歴史の先生と一緒に古い建物を訪ねましょう。

＜日時＞12 月 25 日（土）
　　　　　午前 9 時～12 時
＜費用＞500 円
＜場所＞市民センター 1 階　受付前
＜対象＞60 歳以上の方

③　親子クリスマスコンサート

有名なクリスマスソングを親子で楽しみましょう。

＜日時＞12 月 19 日（日）
　　　　　午後 2 時～4 時
＜費用＞無料
＜場所＞市民センター　大ホール
＜対象＞3 歳以上 6 歳以下のお子さま
　　※ 必ず大人の方と一緒に参加してください。

④　男の料理教室・クリスマスケーキ

「ブッシュドノエル」というフランスのケーキを作りませんか。

＜日時＞12 月 18 日（土）
　　　　　午前 10 時～午後 2 時
＜費用＞2,000 円
＜場所＞市民センター 2 階
　　　　　キッチンスタジオ
＜対象＞20 歳以上の男性

お申し込みは、HP からお願いします。締め切りは、11 月 30 日です。

(41) 林さんは、今55歳です。奥さんと2人でイベントに参加したいと思っています。
　　　林さんが参加できるのは、どれですか。
　　　1　「映画会・ニースの恋人」
　　　2　「おさんぽ　古い建物めぐり」
　　　3　「親子クリスマスコンサート」
　　　4　「男の料理教室・クリスマスケーキ」

(42) お知らせの内容と合っているのは、どれですか。
　　　1　「映画会・ニースの恋人」は、12月中、毎週あります。
　　　2　「おさんぽ　古い建物めぐり」は、歴史の先生に直接申し込みます。
　　　3　「親子クリスマスコンサート」は、小学生向けです。
　　　4　「男の料理教室・クリスマスケーキ」は、女性は参加できません。

問題　8

次の文章を読んで、問題に答えてください。
答えは1・2・3・4の中から一番いいものを1つ選んでください。

　これから、私の経験をお話しします。会社に入ってすぐ、遅刻したときの話です。その日の朝、起きたときは、もう9時を過ぎていました。私は、慌てて会社に電話し、寝坊してしまったことを伝えて、急いで家を出ました。会社について、すぐに課長に謝りに行きました。私はとても怒られると思っていたのですが、なんと課長は、笑って許してくれたのです。そして私を褒めてくれました。課長は、「体の調子が悪かったと嘘をつく人も多いですが、みんなに嘘がわかってしまうと、これから信用してもらえなくなります。それに、みんなが嘘だと気づかなかったら、これからも嘘をついて、遅刻するでしょう。どちらになっても、いいことではありません。正直に理由を言ったのは、偉かったですね」と言ってくれました。私はこのとき、これからもどんな小さなことでも嘘はつかないでおこうと決めたのです。皆さんは、仕事のとき、嘘をついたことがありませんか。もしそうなら、これからはいつも正直になってください。

---

(43)　どうして課長は「私」を褒めてくれましたか。
　　　1　今まで遅刻したことがなかったからです。
　　　2　体の調子が悪いのに、会社に来たからです。
　　　3　電話での話し方が丁寧だったからです。
　　　4　寝坊をしたことをちゃんと話したからです。

(44)　文章の内容と合っているのは、どれですか。
　　　1　遅刻しても、叱らない上司が増えています。
　　　2　嘘をつくと、よくない効果を生みます。
　　　3　上手な嘘が必要なときもあります。
　　　4　一生懸命謝れば、たいていのことは許してもらえます。

問題　9

次の文章を読んで、問題に答えてください。
答えは 1・2・3・4 の中から一番いいものを 1 つ選んでください。

　私の両親は読書が趣味で、家にはいろいろな本がありました。しかし、私は子どもの頃、本に全く興味がありませんでした。それより、川や山で遊ぶほうが好きだったのです。そんな私に両親は、「本を読みなさい」と言うことはありませんでした。私は両親から何かをやらされた、という記憶がないのです。しかし、あることをきっかけに、私は本に興味を持つようになりました。それは、山で見た花や草、とりの名前を家にあった本で調べたことです。それから、いろいろな本を読むようになって、川や山へ行く代わりに、図書館に行くことが増えました。そして今、読書は私の趣味となり、仕事にもつながっています。最近、私は思うのです。もし、子どもの頃、両親に無理に本を読まされていたら、こんなに本が好きになっていただろうかと。ときどき「子どもに本を読ませたいけど、なかなか読まない」という親のこえを聞きます。確かに読書をすると、成績が上がることが多いですから、親のその気持ちはわかります。しかし、嫌がる子どもに無理に本を読ませても、親が望むような結果につながるでしょうか。私がそんな親に望むのは、子どもが興味のあることを大切にし、それを温かく見守ることです。まずは、そこから始めてほしいと思います。そうすれば、そのうち子どもは、自分から本を読むようになるかもしれません。

---

(45)　「私」の両親は、どんな親でしたか。
1　「私」を自由に遊ばせてくれませんでした。
2　「私」が本を読まなくても、何も言いませんでした。
3　図書館からいろいろな本を借りてきて、「私」に読んでくれました。
4　「私」を山や川へ連れて行って、花や草の名前を教えてくれました。

(46)　「私」が言いたいことは、どれですか。
1　読書や勉強も大切ですが、自然についても考えなければなません。
2　親は、できるだけ小さいときから子どもに読書をさせたほうがいいです。
3　親には、子どもに自由にやりたいことをさせてあげてほしいです。
4　子どもが小さいとき成績がよくなくても、親はしんぱいしなくてもいいです。

3 漢字問題

A 次のひらがなの漢字をそれぞれ１・２・３・４の中から１つ選んでください。

(47) 私は、あきが好きです。

1 秋   2 夏   3 冬   4 春

(48) 今日は、あついですね。

1 暗い   2 赤い   3 遠い   4 暑い

(49) 大きなこえですね。

1 声   2 歌   3 産   4 鳥

(50) このむらには、高校がありません。

1 界   2 村   3 区   4 町

(51) 駅まであるいて行きます。

1 働いて   2 動いて   3 歩いて   4 着いて

(52) 嫌いな食べものは、とくにありません。

1 特に   2 主に   3 別に   4 旅に

(53) 今日のゆうはんは、すきやきです。

1 安心   2 野菜   3 研究   4 夕飯

(54) おうだん歩道を渡りましょう。

1 交通   2 横断   3 感想   4 禁止

(55) このカレーは、味がこいです。

1 濃い   2 眠い   3 若い   4 熱い

(56) あのうまを見てください。

1 石   2 曲   3 馬   4 米

B　次の漢字の読み方を例のようにひらがなで書いてください。

・ひらがなは、ただしく、ていねいに書いてください。
・漢字の読み方だけ書いてください。

（例）　はやく書いてください。　┌┐　| （例） | か |

(57)　家族に会いたいです。

(58)　私は、肉が好きです。

(59)　病院は、あちらです。

(60)　小さな池があります。

(61)　早く注文しましょう。

(62)　一緒に運んでください。

(63)　茶色のセーターを買いました。

(64)　塩を取ってください。

(65)　ここは、静かですね。

(66)　油の値段が上がりました。

4 記述問題

A 例のように_____に合う言葉を入れて文をつくってください。

・文字は、**ただしく、ていねいに**書いてください。
・漢字で書くときは、**今の日本の漢字を****ただしく、ていねいに**書いてください。

（例） きのう、_____でパンを_____。
　　　　　　　（A）　　　　　　　　　　　（B）

（例）	（A）	スーパー	（B）	買いました

---

(67)
　　寝る_____に、歯を_____ください。
　　　　　　（A）　　　　　　　　（B）

(68)

　A：昨日、出かけましたか。

　B：いいえ。_____も行かないで、_____でゆっくりしました。
　　　　　　　　（A）　　　　　　　　　　　　（B）

(69)

　A：このコーヒー、ちょっと_____ですね。
　　　　　　　　　　　　　　　　（A）

　B：じゃ、砂糖を_____といいですよ。
　　　　　　　　　　（B）

(70)

　A：昨日の夜、大きい地震が_____ね。大丈夫でしたか。
　　　　　　　　　　　　　　　　（A）

　B：はい。でも、家が揺れて、とても_____です。
　　　　　　　　　　　　　　　　　　（B）

B 例のように３つの言葉を全部使って、会話や文章に合う文をつくってください。

・【　　】の中の文だけ書いてください。
・1.→2.→3.の順に言葉を使ってください。
・言葉の　　の部分は、形を変えてもいいです。
・文字は、ただしく、ていねいに書いてください。
・漢字で書くときは、今の日本の漢字をただしく、ていねいに書いてください。

（例）

きのう、【　1.　どこ　　→　2.　パン　　→　3.　買う　】か。

| （例） | どこでパンを買いました |

---

(71)

いつも、音楽を【　1.　聴く　→　2.　ながら　→　3.　走る　】います。

(72)

カーテンを開けたら、【　1.　部屋　→　2.　明るい　→　3.　なる　】ました。

(73)

たとえ【　1.　親　→　2.　反対する　→　3.　外国　】住みたいです。

(74)　（会社で）

帰るとき、【　1.　電気　→　2.　消す　→　3.　忘れる　】ようにしてください。

—— このページには問題はありません。——

J.TEST

実用日本語検定

ちょう かい し けん
聴 解 試 験

1 写真問題 (問題1〜6)

例題

れい　● ② ③ ④　　（答えは解答用紙にマークしてください）

A　問題1

- 212 -

B　問題2

C　問題3

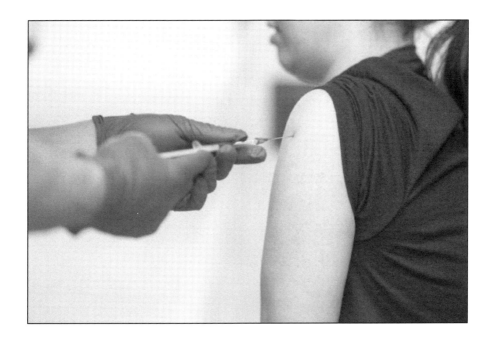

D　問題4

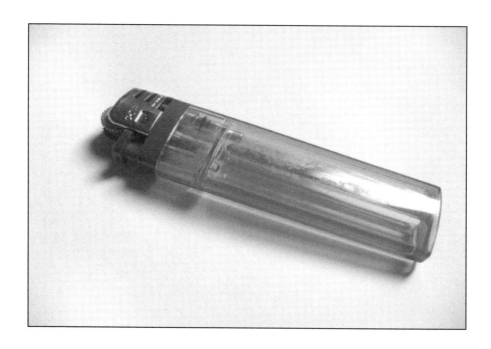

E　問題5

F <ruby>問題<rt>もんだい</rt></ruby>6

2 聴読解問題 (問題7〜12)

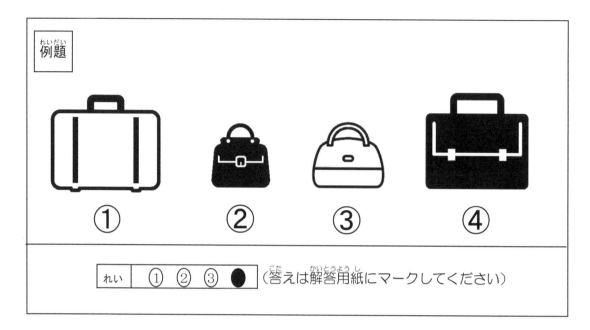

G 問題7

①	ジョギング
②	料理
③	テニス
④	ギター

H 問題8

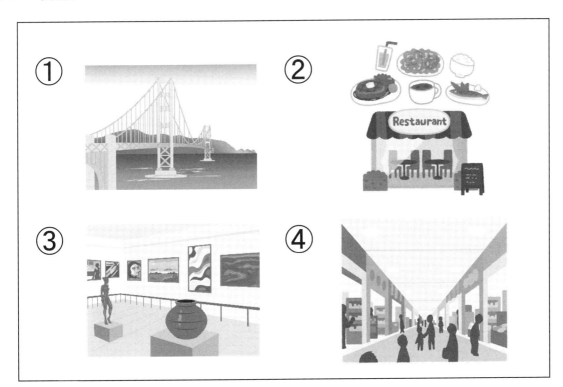

I 問題9

日	月	火	水	木	金	土
	1	2	3	4	5	6
7	8	9	10	11	12	13
				①	②	
14	15	16	17	18	19	20
	③			④		

J　問題10

K　問題11

あきの社内イベント　もみじ山ハイキングのご案内

① 【日程】　10月31日（日）9：00〜13：00（予定）

② 【場所】　もみじ山ハイキングコース（約1時間半〜2時間）

　【参加人数】　社員とそのかぞく 200人まで

③ 【参加料金】　無料（お弁当、飲みものなどはご用意ください）

④ 【申し込み方法】10月1日（金）までに人事部・安田までメールでお申し込みください。

- 218 -

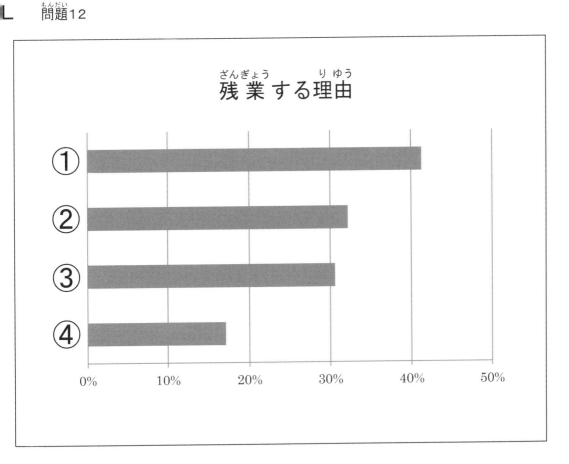

3 応答問題 (問題13〜28)

(問題だけ聞いて答えてください。)

例題1	→	れい1	● ② ③
例題2	→	れい2	① ● ③

(答えは解答用紙にマークしてください)

問題13

問題14

問題15

問題16

問題17

問題18

問題19

問題20

メモ (MEMO)

問題21

問題22

問題23

問題24

問題25

問題26

問題27

問題28

4 会話・説明問題 (問題29〜38)

<table>
<tr><td>例題</td><td>1　耳が痛いですから</td></tr>
<tr><td></td><td>2　頭が痛いですから</td></tr>
<tr><td></td><td>3　歯が痛いですから</td></tr>
</table>

れい　　① ● ③　　（答えは解答用紙にマークしてください）

問題29　1　2日間です。
　　　　2　6日間です。
　　　　3　7日間です。

問題30　1　休みの日にはたらくことです。
　　　　2　資料を用意することです。
　　　　3　会議に出ることです。

2

問題31　1　まだ熱があります。
　　　　2　まだおなかが痛いです。
　　　　3　元気です。

問題32　1　薬と飲み物を買って、男の人のうちへ行きます。
　　　　2　食べ物を買って、男の人のうちへ行きます。
　　　　3　男の人のうちへ行って、晩ごはんを作ります。

3

問題33　1　バスで帰れないからです。
　　　　2　雨が降っているからです。
　　　　3　足が痛くて、あるけないからです。

問題34　1　東駅です。
　　　　2　家の近くの駅です。
　　　　3　コンビニです。

4

問題35　1　受付の仕事です。
　　　　2　事務の仕事です。
　　　　3　工場の仕事です。

問題36　1　机の上を片付けます。
　　　　2　新入社員を迎えに行きます。
　　　　3　パソコンについて確認します。

5

問題37　1　いろいろな人の話を聞いていると、知識が増えますから。
　　　　2　人とうまく付き合えるようになりますから。
　　　　3　聞くことが上手な人は、話すことも上手になりますから。

問題38　1　話を聞くときは、できるだけ相手の目を見ないほうがいいです。
　　　　2　「聞き上手」になるのは、誰でも簡単にできます。
　　　　3　アドバイスや意見は、求められてから言ったほうがいいです。

おわり

第1回 J.TEST実用日本語検定（D−Eレベル）
正解とスクリプト

■ 読解・記述問題　350点

《 文法語彙問題 》 各5点（計150点）			《 読解問題 》 各5点（計80点）		《 漢字問題A 》 各4点（40点）
1) 2	11) 3	21) 1	31) 2	41) 4	47) 1
2) 2	12) 4	22) 4	32) 2	42) 3	48) 4
3) 4	13) 1	23) 3	33) 3	43) 4	49) 4
4) 2	14) 1	24) 1	34) 4	44) 3	50) 2
5) 2	15) 1	25) 3	35) 3	45) 4	51) 3
6) 3	16) 4	26) 2	36) 1	46) 1	52) 2
7) 4	17) 3	27) 2	37) 1		53) 1
8) 4	18) 3	28) 3	38) 3		54) 2
9) 2	19) 2	29) 2	39) 2		55) 4
10) 1	20) 1	30) 4	40) 3		56) 3

《 漢字問題B 》 各4点（40点）　＊漢字問題A＋B＝計80点
- 57) ちから
- 58) にい
- 59) あか
- 60) むら
- 61) うんてん
- 62) ちゃいろ
- 63) ちり
- 64) こま
- 65) うま
- 66) けっせき

解答例　《 記述問題A 》 各5点（20点）　＊(A)と(B)が両方正解で5点。部分点はありません。
- 67)（A）本　　　　　　　（B）借り
- 68)（A）掃除　　　　　　（B）なり
- 69)（A）もらった　　　　（B）くれ
- 70)（A）使わなければ　　（B）食べて

解答例　《 記述問題B 》 各5点（20点）＊部分点はありません。　＊記述問題A＋B＝計40点

> 71) てんぷらがあまり好きじゃ
> 72) 大阪へ行ったとき
> 73) 今から100年まえに建てられ
> 74) 仕事を続けていき

■ 聴解問題　350点

《写真問題》 各5点（計30点）	《聴読解問題》 各10点（計60点）	《 応答問題 》 各10点（計160点）		《 会話・説明問題 》 各10点（計100点）
1) 3	7) 1	13) 3	23) 3	29) 2
2) 1	8) 3	14) 3	24) 2	30) 1
3) 3	9) 4	15) 2	25) 1	31) 3
4) 4	10) 4	16) 1	26) 1	32) 2
5) 3	11) 3	17) 1	27) 3	33) 3
6) 3	12) 4	18) 2	28) 3	34) 2
		19) 1		35) 3
		20) 2		36) 1
		21) 3		37) 1
		22) 1		38) 3

写真問題

例題の写真を見てください。
例題　これは、何ですか。
1　コップです。
2　いすです。
3　ノートです。
4　えんぴつです。

一番いいものは1です。ですから、例のように1を
マークします。

Aの写真を見てください。
問題1　ここは、どこですか。
1　教会です。
2　工場です。
3　畑です。
4　旅館です。

Bの写真を見てください。
問題2　これは何ですか。
1　棚です。
2　鏡です。
3　電池です。
4　畳です。

Cの写真を見てください。
問題3　何をしていますか。
1　片づけています。
2　謝っています。
3　踊っています。
4　祈っています。

Dの写真を見てください。
問題4　何をしていますか。
1　ごみを焼いてます。
2　ごみを盗んでいます。
3　ごみを守っています。
4　ごみを集めています。

Eの写真を見てください。
問題5　正しい説明は、どれですか。
1　髪をカットしています。
2　髪を抜いています。
3　髪を拭いています。
4　髪を結んでいます。

Fの写真を見てください。
問題6　打ち合わせに来たお客様に、少し待っても
　　　　いたいです。こんなとき、何と言いますか。
1　ここに座らせてください。
2　ここで待たせていただきます。
3　こちらで少々お待ちください。
4　こちらで待つことになっております。

聴読解問題

例題を見てください。
男の人と女の人が話しています。

問題　男の人のかばんは、どれですか。
――――――――――――――――――――
男：私のかばんは、黒くて、大きいです。
女：これですか。
男：ええ、そうです。
――――――――――――――――――――
問題　男の人のかばんは、どれですか。

一番いいものは4です。ですから、例のように4
マークします。

Gを見てください。
女の人が話しています。

問題7　女の人は、今朝、どこへ行きましたか。
――――――――――――――――――――
女：今日の朝、久しぶりに早く起きました。とても気
　　分がよかったので、少し遠くまで散歩に出かけ
　　した。朝の6時でしたが、まだ少し暗かったで
　　まず、神社へ行きました。そのあとで有名なパン
　　屋さんでパンを買って、海岸で食べました。おい
　　しかったです。そして、9時頃、家に帰ってきま
　　した。たくさん歩いたので疲れましたが、とても
　　気持ちがよかったです。
――――――――――――――――――――
問題7　女の人は、今朝、どこへ行きましたか。

を見てください。
〜の子とお父さんが話しています。

問題8　女の子は、このあとどこで宿題をやりますか。
ーーーーーーーーーーーーーーーーーーーーー
〜：あ！　どうしよう、宿題忘れてた！　明日までな
　　のに。
〜：まだ時間あるだろう。今からやりなさい。
〜：でも今日は、これから水泳教室だし…。
〜：あー、そうだったね。でも電車で行くんだろう？
　　そこでできるじゃないか。
〜：混んでるから無理だよ。
〜：じゃ、水泳教室のあとでやりなさい。
〜：そんなの疲れてできないよ。
〜：はあ。じゃ、お父さんが車で送ってあげるから、
　　着くまでにやってしまいなさい。
〜：わかった。
ーーーーーーーーーーーーーーーーーーーーー
問題8　女の子は、このあとどこで宿題をやりますか。

を見てください。
〜話で男の人と女の人が話しています。

問題9　男の人は、このあとどこへ行きますか。
ーーーーーーーーーーーーーーーーーーーーー
〜：もしもし、大阪事務所の松本です。遅くなって
　　すみません。ちょっと道がわからなくなってし
　　まって…。
〜：大丈夫ですよ。今、どこにいますか。
〜：えーっと…、市役所の前です。
〜：あ、じゃ、もうすぐですよ。市役所の前の信号
　　を渡ってください。渡ってすぐ銀行があるので、
　　その角を左に曲がってください。
〜：信号を渡って銀行のところの角を左ですね。
〜：ええ。ちょっと行くと右側に大きい図書館があ
　　ります。事務所は、その奥です。
〜：わかりました。ありがとうございます。急いで
　　向かいます。
〜：いえ、気を付けて来てください。
ーーーーーーーーーーーーーーーーーーーーー
問題9　男の人は、このあとどこへ行きますか。

Jを見てください。
家で夫と妻が話しています。

問題10　2人は、どこに色を塗りますか。
ーーーーーーーーーーーーーーーーーーーーー
男：この部屋、来年から子ども部屋にするんだよね？
　　壁に色を塗ってみない？
女：うん。いいね。明るい色にしよう。どこに塗る？
男：そうだなー。こことここは？　奥の壁と、窓のあ
　　る壁。
女：うん、ドアを開けたら、すぐに色が見えていいね。
男：そうそう。それに、こっちは何もないから塗りや
　　すいと思うよ。
女：あ、でも、そこにはベッドや机を置くつもりなの。
　　あまり見えなくなるかも。
男：それならここは、このままでもいいか。
女：そうね。そうしよう。
ーーーーーーーーーーーーーーーーーーーーー
問題10　2人は、どこに色を塗りますか。

Kを見てください。
会社で男の人と女の人が話しています。

問題11　女の人は、どのデザインがいいと言ってい
　　　　ますか。
ーーーーーーーーーーーーーーーーーーーーー
男：部長、新しい名刺のデザインをいくつか考えたの
　　で、見ていただきたいんですが。
女：うーん、そうね、デザインはどれもすてきだけど、
　　相手に正しい情報を伝えられなければ意味がない
　　からね。名刺の色は、白っぽいほうが字が見やす
　　いんじゃないかな。
男：そうですか。青や黒ってかっこよくていいと思っ
　　たんですが。
女：たしかにかっこいいけど、一番大切なことは、そ
　　れじゃないからね。
男：そうですね。じゃ、色はこちらにします。名前や
　　会社名などの場所は、どうでしょうか。
女：左にあるほうが見やすいかな。最初にすぐに目に
　　入るのは、この位置だと思うわ。
男：わかりました。じゃ、これにします。
ーーーーーーーーーーーーーーーーーーーーー
問題11　女の人は、どのデザインがいいと言ってい
　　　　ますか。

Lを見てください。
男の人が話しています。

問題１２　「趣味」は、どれですか。
——————————————————————
男：30代の会社員に、夏のボーナスを何に使うか聞いてみたところ、一番多かったのが「貯金」と答えた人で、約４割でした。理由を聞くと、「冬のボーナスが出ない可能性があるので貯めておく」といった声が多く聞かれました。次に、「生活費」「税金の支払い」という回答が続き、「趣味」に使うと答えた人は、１割以下となりました。今年は、給料やボーナスが減った人が多く、好きなことにお金を使うことが難しいようです。また、将来を心配して節約している人が多いこともわかりました。
——————————————————————
問題１２　「趣味」は、どれですか。

例題１　おはようございます。
1　おはようございます。
2　おやすみなさい。
3　さようなら。

例題２　お仕事は？
　　　　－会社員です。
1　私も会社員じゃありません。
2　私も会社員です。
3　私も医者です。

一番いいものは例題1は1、例題2は2です。ですから、例題1は1、例題2は2を、例のようにマークます。

問題１３　日本料理は、好きですか。
1　ええ、ちょっとそこまで。
2　ええ、ほんの気持ちです。
3　ええ。でも、すしはちょっと…。

問題１４　昨日、どこかへ行きましたか。
1　はい、楽しみです。
2　はい、ずっと家にいました。
3　いいえ、どこへも。

問題１５　このジャケット、着てみてもいいですか。
1　ええ、見てください。
2　ええ、もちろん。
3　いいえ、とてもすてきですから。

問題１６　ここは、どんな町ですか。
1　私も初めて来たので…。
2　郵便局は、あちらですよ。
3　ええ、そうですよ。

問題１７　どうやって美術館へ行きますか。
1　ちょっと調べてみます。
2　自転車は、気持ちいいですよ。
3　バス停で待っています。

問題１８　宮田さんって、実はユーモアのある方なんですね。
1　ええ、とてもこわいんです。
2　ええ、とてもおもしろいんです。
3　ええ、とてもまじめなんです。

問題１９　今朝、電車、間に合ったの？
　　うん、走って行ったから。
　　うん、来週だって。
　　ううん、なかったよ。

問題２０　今日は、朝食も食べずに来たよ。
　　おいしそうだね。
　　寝坊したの？
　　どこのお店？

問題２１　娘は、いつも遊んでばかりいます。
　　じゃ、一緒に遊びに行きましょう。
　　楽しいですね。
　　うちの息子もですよ。

問題２２　会議は、何時からですか。
　　　　　　―今、部長に予定を確認しているところです。
　　わかりました。決まったら教えてください。
　　部長がそう決めたんですか。
　　早めにしたほうがいいですよ。

問題２３　あ、お疲れ様です。どうしましたか。
　　　　　　―あの、杉田部長は、いらっしゃいますか。
　　ええ、よくいらっしゃいました。
　　ええ、行きましたよ。
　　ええ、あちらですよ。

問題２４　この商品、あまり売れませんね。
　　うん、売り切れだね。
　　うん、宣伝が足りないのかもね。
　　うん、バーゲンのおかげだね。

問題２５　報告書が書きあがりました。
　　やっと終わったんですね。
　　やっと届いたんですね。
　　やっともらったんですね。

問題２６　明日、面接だね。緊張してる？
　　うん、どきどきしてる。
　　うん、いらいらしてる。
　　うん、むかむかしてる。

問題２７　雨が降らないうちに帰りましょう。
　　ええ、たぶん止みますよ。
　　ええ、結構濡れましたね。
　　ええ、急ぎましょう。

問題２８　新商品のケーキ、味はどうでしょうか。
　　　　　　―うーん、おいしくないことはないけど…。
１　そうですか。よかったです！
２　もうひとついかがですか。
３　もう少し甘いほうがいいですか。

「＊」の部分は録音されていません。

例題
————————————————————
女：すみません。頭が痛いですから、今日は帰ります。
男：わかりました。
————————————————————

問題　女の人はどうして帰りますか。
＊１　耳が痛いですから
＊２　頭が痛いですから
＊３　歯が痛いですから

一番いいものは２です。ですから、例のように２を
マークします。

1　女の人と男の人の会話を聞いてください。
————————————————————
女：ちょっとこの写真、見て。かわいいでしょ。友だ
　　ちの犬なんだけど、私も欲しくなっちゃって。
男：あー、かわいいね。
女：森くんのうちにも犬いるんだよね？
男：いや、うちは猫が両親の家にいるよ。今年から１
　　人で暮らしてるから全然会えないけど。
女：そっか。じゃ、今は、寂しいね。
男：うん。でも、最近庭によく鳥が来るようになって
　　楽しいんだ。
女：鳥？
男：うん。今、庭で野菜を育ててるんだけど、それを
　　食べに来るんだ。ちょっと困ってるけど、かわい
　　いんだよね。
女：そうなんだ。でも、きっとおいしいんだね。
男：そうそう！　たくさんできたから、篠田さんにも
　　持って来るよ。
女：やったー！　ありがとう。
————————————————————
問題２９　男の人の両親の家には、何がいますか。
＊１　犬です。
＊２　猫です。
＊３　鳥です。

問題３０　男の人は、今、どうして困っていますか。
＊１　鳥が庭の野菜を食べてしまいますから
＊２　野菜がなかなか育ちませんから
＊３　猫が庭の野菜を踏みますから

2　会社で女の人と男の人が話しています。この会話
　を聞いてください。
————————————————————
女：田中さん、何か探しているんですか。
男：ええ。会議で使う資料が見つからないんです。□
　　の上に置いておいたんですけど…。
女：引き出しの中は？
男：さっき見ましたが、ないんです。急いで会議室□
　　持っていかないといけないのに…。
女：その資料、最後に見たのは、いつですか。
男：ええと、昼ごはんから戻ってきたときには、あ□
　　ました。それで、コピーして…。
女：じゃ、そこに忘れたのかもしれませんよ。
男：そうですね、ちょっと見てきます。……あ、あ□
　　ました！　ありがとうございます！
————————————————————
問題３１　資料は、どこにありましたか。
＊１　机の上です。
＊２　引き出しの中です。
＊３　コピー機の近くです。

問題３２　男の人は、このあとまず何をしますか。
＊１　資料をコピーします。
＊２　会議室に資料を持って行きます。
＊３　昼ごはんを食べに行きます。